翻滚吧！

青春期完美女孩 成长手册

姜秋月 / 著

Perfect Girl
Growth Handbook

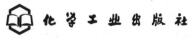

U0314483

化学工业出版社

·北京·

内 容 简 介

这是父母送给青春期女孩的一本智慧书，它能帮助女孩们解决成长中的疑惑与困扰。本书包含了生理篇和心理篇两个部分，生理篇全面解答了女孩青春期生理变化需要知道的问题，心灵篇则从情绪管理、心理小问题、人际交往等多方面来举例说明以助女孩们排除困扰。

图书在版编目（CIP）数据

翻滚吧！青春期. 完美女孩成长手册 / 姜秋月著.
北京：化学工业出版社，2024. 9. -- ISBN 978-7-122
-46209-1

Ⅰ. G479

中国国家版本馆CIP数据核字第2024A9T497号

责任编辑：王婷婷 孙 炜　　　　　　　　封面设计：史利平
责任校对：赵懿桐　　　　　　　　　　　　装帧设计：盟诺文化

出版发行：化学工业出版社（北京市东城区青年湖南街13号　邮政编码100011）
印　　刷：北京云浩印刷有限责任公司
装　　订：三河市振勇印装有限公司
710mm×1000mm　1/16　印张11$\frac{1}{2}$　字数206千字　2025年1月北京第1版第1次印刷

购书咨询：010-64518888　　　　　　　　售后服务：010-64518899
网　　址：http://www.cip.com.cn
凡购买本书，如有缺损质量问题，本社销售中心负责调换。

定　　价：49.80元

序　言

亲爱的女孩：

　　曾经有许多女孩通过微信或电子邮件来向我讲述她们在青春期发生的事情，向我询问她们身体上变化的原因，也和我分享了她们的一些小秘密。在与无数的青春期女孩成为朋友之后，我决定为那些还在青春期中迷茫的女孩们写这样一本书，以便帮助更多的女孩健康愉快地度过神秘而美好的青春期。

　　我的女儿今年 18 岁，我的书也一路陪她走过了青春期，作为一位妈妈和作家，我的内心有诸多感悟。或许亲爱的你看到我的照片时不太相信，因为我就是传说中的"小姐姐"啦！

　　很幸运，你能翻开这本书，这已经是我为女孩们创作青春期图书的第十三年了。从 2011 年第一版在国内书店上架以来，全国各地有十几万名青春期女孩都曾经阅读过它，这本书里记载着关于青春期你想知道的一切……

　　即将步入青春期或是已经进入青春期的你，在这段时间，你的身体和心理都处于成长的过程，老师说你长大了，妈妈说你有些叛逆，相信你的心里一定有着许多的疑问和困扰，你会有一些不好意思问爸爸妈妈的问题吧？这本智慧之书能让你在生理、心理、学习、人际交往等方面都得以提高，帮助你以积极向上的心态去面对青春期。如果，你也有想要和我分享的秘密，可以加我的微信，分享给我，也可以向我提问！

　　亲爱的宝贝，接下来，让我们一起加油吧！

秋月小姐姐

目 录

心灵篇　女孩心思猜！猜！猜！

生理篇

美丽青春开启季！

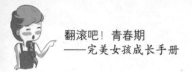

第一季 这是怎么了？

 不一样的胸部

留言板：

"最近我的胸部有些胀胀的，好像比以前大了一些，穿上衣服不再是扁扁平平的，感觉好尴尬！同桌好像也有这样的变化，我的胸部会变得像妈妈那样吗？"

——彤彤 13岁

@彤彤

这些你不需要太担心啦！要知道，乳房突起可是女孩青春期发育的正常现象哟！

女孩在进入青春期之后，受到体内雌激素的影响，乳腺就会开始发育。乳房里有着很多细长的乳腺管，积累了很多脂肪，乳腺组织比较硬而脂肪组织比较柔软，当它们慢慢发育起来的时候，乳房就会变得突起且富有弹性，这样的变化，说明你是在一天天地成熟长大呢。

乳房在刚刚发育的时候，周围颜色较深的部分开始隆起，这时就会有胀胀的感觉，用手按压可能还会感到疼痛。随着乳房慢慢变大，乳腺管与皮下脂肪一天天增多，乳晕周围的肌肉也会跟着发达起来，乳头和乳晕的颜色会变得越来越深，胀胀的感觉也就会随着消失啦。

这时切记，一定不可以用手捏挤自己的乳房，更不要因为难为情而总是低头含胸，那样会影响乳房正常发育的！

硬硬的乳房

留言板：

"昨晚睡觉的时候，不小心碰到乳房，感觉里面有硬硬的东西，我的乳房是不是生病了？心里有好多疑问啊，又不好意思问妈妈，我该怎么办？"

——夏天的雪　14 岁

@ 夏天的雪

亲爱的，感谢你对我的信任！青春期女孩的胸部有硬块是正常的。乳房主要是由乳腺组成，会有结节感，摸起来就会有硬硬的感觉。你的感觉可能是乳房没有完全发育造成的，如果是纤维增生，慢慢就会自己好起来。所以，雪儿不用太紧张啦！

为了保证青春期乳房的健康生长，女孩应该养成每个月自行查乳房一次的好习惯，最佳时间是在月经过后。

第一步，全身放松，轻轻抬起双臂，看一下乳房的皮肤、乳头和以前有没有什么不一样，要是有部分突起

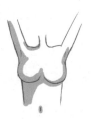

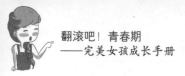

那就要注意了。

第二步，对着镜子两手叉腰，看看乳头是不是对称。

第三步，用手指顺时针方向分别对乳房进行轻揉按压，看看有没有硬块，轻挤乳头看一下有没有分泌物出现。

第四步，平躺在床上，将一侧的手臂举起，用另一只手摸一下举起手的腋下有没有肿块，用同样的方式检查另一侧。

青春期的女孩儿要注意观察乳房的变化，如果感觉硬块变大或者按压有痛感，不要害羞，一定要和妈妈说，及时地去看医生。

窈窕淑女 VS 胖丫头 ❶

留言板：

"很久没见面的叔叔周末到我们家来做客，叔叔说我比以前胖了，我的同学也都这样说，邻居家的小弟弟居然叫我小肥姐姐，哎呀！真的好担心自己得了肥胖症。"

——骨感天使　15岁

@骨感天使

天使同学，你现在可是正处在新陈代谢旺盛的时期哟！如果你平时很爱吃零食，又不喜欢运动，就很容易变胖的。至于你是不是得了肥胖症，就要看看你的体重有没有超标，再下结论吧！

---

❶ VS，和……比较。——编者

一般来说，肥胖症是指身体里脂肪过多，超出了正常的标准体重。当你的体重超标 10% 为超重，超标 20% 为轻度肥胖，超标 30% 为中度肥胖，超标 50% 可就是重度肥胖了。

得了肥胖症的人不仅体重超标，在运动的时候会感觉到心慌气短，还可能会出现头晕、血压升高等现象。

天使同学，你先不要着急，更不要因为害怕再长胖而故意少吃东西，节食会影响你身体的正常发育，严重时还会影响到身体健康的！

我来告诉你变苗条的法宝。

要点一：不再吃零食，这一条非常重要！

要点二：饭前一小时吃一个苹果，吃饭的时候，多吃蔬菜、豆制品和瘦肉，少吃动物脂肪类的食物和甜食。

要点三：吃饭时细嚼慢咽，这样十五分钟之后，你自然会产生饱腹感啦！

要点四：早睡早起，睡足八小时，爱睡懒觉很容易变成大胖子。平时还要多进行体育锻炼，这样就可以消耗你体内的热量，变苗条的目标很快就能实现了。

小雀斑的烦恼

留言板：

"最近我的脸上长了雀斑，男同学总是笑我，开我的玩笑，还给我起了个外号叫'小点点'。全班的女生中，只有我长了雀斑，好烦恼，

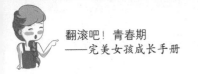
真不想去上学了！"

——耶！烦恼　12岁

@耶！烦恼

宝贝儿，女孩的美丽在于活泼开朗、充满朝气，几个雀斑不必太在意啦！那些男同学笑你是不对的，只要你展现出你的阳光自信去面对他们，他们也就不会再笑你了！

雀斑通常都会长在哪里呢？脸上、脖子上和手背上，还有的会长在手臂的外侧。其实，不管它长在哪里都不会影响到人的健康，它们只是色素沉着产生的小点点，夏天的时候可能会多一些，到了冬天有一些会隐藏起来。

如果你是被大大的太阳晒过之后长出的雀斑，这其实是过敏产生的，以后在外出时做好防晒就可以啦！

还有一种可能就是遗传产生的雀斑，比如你的祖母有雀斑，就可能会遗传给你，遗传产生的雀斑不是很容易去掉，不过我觉得有点斑看起来蛮可爱的呢！

祖母　孙女

讨人厌的小痘痘

留言板：

"我的脸上长了小痘痘，姑姑说这个叫作青春痘，还说我看起来青春又可爱，她只知道笑我，我觉得难看死了，好想把它挤出来。"

——小妖媛媛　14岁

@ 小妖媛媛

哈哈！看你的留言，我好像看到了你青春又可爱的样子。小妖同学，你正处于青春期，雄激素分泌会增加，皮脂腺的皮脂分泌也会跟着增多，当它们排泄不通，会堆积在毛囊口，就会长出青春痘。

表皮层
真皮层
皮下组织
皮脂腺导管
皮脂腺
毛囊

小痘痘长得像小米粒一样，挤压一下会出现乳白色的分泌物，不过你可千万不要用手去挤，小心会发炎啊，那样会留下一个小点点状的痘痕，那就不漂亮了！

想要祛痘痘，平时就要多吃水果和蔬菜，少吃辛辣食物；洗脸时一定要用温水洗，因为水太凉不能洗去油脂，水太热又会使皮脂分泌增加；使用温和型的香皂洗脸，护肤品不要用太油的，最好是选择纯植物型护肤品；早睡早起，多做运动，保持好习惯、好心情，痘痘就会离你远远的！

给小妖的防痘小技巧：

1. 多喝水，及时给皮肤补充水分，这样才不容易长痘痘。

2. 爱干净的女孩儿每天洗脸不要超过两次，平时还要做好防晒工作。

3. 及时洗手，出汗后最好用湿巾把脸擦干净，不要总做"思考者"，小心手上的细菌很容易使你的小脸长出痘痘。

4. 经常换床单和枕巾，一定要在十一点之前进入梦乡，不要错过身体的排毒时间，这样小痘痘就不容易出来了。

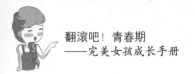

腋下的毛毛

留言板：

　　"腋下长出了好多小毛毛啊，同桌的更是夸张，我们俩商量着想要剪掉它们，不知道这样做可不可以，这不会是什么多毛症吧？"

——闪闪菁菁　15岁

@ 闪闪菁菁

　　15岁的你肾上腺开始分泌雄性激素了，所以会长出腋毛，其他女孩也都是在十四五岁的时候开始长腋毛的，这可是你们进入青春期的一个标志！

　　腋毛的成长是为了帮你吸收汗水的，这样就可以防止细菌和灰尘来伤害你的皮肤，另外它还能保护腋窝下的皮肤在做运动时不被擦伤！

　　腋毛被剪掉也不能阻止它生长，这样做反而很容易让腋窝遭到细菌的侵袭，对你的健康不利哟！

　　你和同桌比较一下，腋毛的轻重多少肯定会不一样，这是由于你们发育的时间和体质不一样。如果真的得了多毛症，面部、腋下、腹背、阴部和四肢的体毛会又多又长，是那种又粗又黑的毛毛，严重的还会月经不调，甚至长出胡子来呢！

　　现在闪闪应该知道了，你和同桌的腋毛都是正常的生理发育现象，不是什么多毛症啦！

身体下面奇怪的小毛毛

留言板：

"我的下面竟然长了好多毛毛，看上去好别扭，囡囡好烦恼呀！我该怎么办？"

——飞舞的囡囡 13岁

@飞舞的囡囡

囡囡宝贝，你下面长出的小毛毛，是每个女孩都要长的"阴毛"。青春期的你受到性激素刺激，生殖器官也会渐渐发育成熟，阴毛也就开始生长了。

由于每个女孩发育的时间不一样，所以长出阴毛的时间也不一样，有些女孩10岁以后就会长出少量柔软的阴毛，还有些女孩会长得晚一些，甚至到18岁之后才长出来呢。

阴毛能吸收外阴产生的黏液，还能吸收汗液，让阴部更加透气，随着年龄的增长，阴毛的数量会慢慢增多，颜色也会慢慢变深。

10岁之前，女孩还不会长出阴毛。

11～12岁，会长出颜色比较浅、比较柔软的阴毛。

12～13岁，阴毛会变长变浓密，覆盖在阴部的三角区。

13～14岁，阴毛的颜色加深，密度也会增加，会长到大腿的内侧。

14～15岁，阴毛生长成熟，这时浓密的阴毛会遮盖住整个外阴。

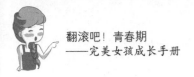

那个！那个！它来了！

留言板：

　　"今天早上起床后，发现内裤和床单上都有血，这就是同学们最近常说的'大姨妈'吗？最近觉得肚子有些疼痛，会不会是因为这个原因？小担心！小害怕！"

——小嫚鱼　13岁

@ 小嫚鱼

　　亲爱的，我为你而感到高兴，"大姨妈"的到来，证明你已经成为一位少女了。

　　在乳房发育 1～2 年后，女孩们就会第一次来月经，我们也把这种现象叫作月经初潮，"大姨妈"通常是在女孩 10～16 岁的时候出现，到 50 岁左右时停止。

　　从第一次来月经开始，每隔 22～32 天左右你就会来一次月经，持续时间为 5～7 天，一般情况下，前 1～3 天的经血量会比较多。

　　如果你觉得肚子痛，就可能是月经引起的，因为月经初潮之前，身体会发出一些信号，比如说：吃得比较多，阴毛、腋毛增多，乳房有疼痛感，白带增多，会感觉到肚子疼或是腰疼，这些不舒服的感觉都是在提醒你，生理期将至。

经期为什么会腰痛？

留言板：

"小姐姐，我在来月经的时候总是感觉到腰痛，而我的好朋友却总是肚子痛，妈妈说不可以捶腰，也不能吃止痛药，真的好难受啊，呜呜……"

——问题妞妞　15岁

@ 问题妞妞

有好多女生在月经周期的时候，都会出现这样的问题，比如说乳房胀痛、腰疼，严重的就像你朋友那样的肚子疼，这种现象就是痛经。

经期的时候腰疼，是盆腔充血造成的，这时候如果用手去捶腰，可能会引起子宫内膜脱落，使它表面不容易修复，会造成更加严重的伤害。

另外，妈妈说得对哟，出现痛经最好不要吃药，只要好好休息，多吃有营养的食物，注意保暖不要着凉，就会好起来的。如果真的疼痛得受不了，则需要在医生的指导下服药。

下面让我来教你几招可以缓解痛经的方法吧！

保暖：注意要保持身体的温度，多喝热牛奶或热果汁，这样可以加速血液循环，使痉挛及充血的骨盆部位的肌肉得到放松，肚子也就不会那么痛了。还可以在肚子上面贴上暖贴，以加速血液循环，缓解痛经。

减少脂肪摄取：脂肪会使雌激素含量上升，饮食中吃的油类越多，体内的雌激素量也就多，因此要少吃一些含有油脂的食物，例如：鸡

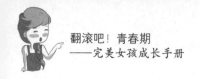

肉、牛肉、猪肉、鱼肉，以及花生油，还有要少吃甜甜圈、奶油饼干、花生酱等食品，这样雌激素就会明显下降。

需要多吃的食物有：谷类，如糙米、全麦面包、燕麦；豆类，如红豆、扁豆；蔬菜类，如菠菜、胡萝卜、番薯、甘蓝。还有最重要的，水果一定要经常吃！

经期前的"身体小信号"

留言板：

"我总是记不住经期时间，即便是记住了，时间也不准确，我想知道来月经前身体会不会向我发出小信号呢，这样我就可以提前做准备，不至于手忙脚乱了！"

——思考者·雯雯 16岁

@思考者·雯雯

月经到来之前，身体的确会向你发出小信号，比如腰酸、背痛、头痛、乳房胀痛、烦躁等状况。乳房胀痛可能会在经前出现，也有可

能在经后出现，你会发现乳房里有小结
节，碰到会有点疼，月经之后就好了，
但是下次来月经的时候又会有胀痛感。

如果身体给女孩的信号过于强烈，
那就可能是经前期综合征了，这种症状
一般会在月经来之前 7 ～ 14 天出现，前 2 ～ 3 天表现得最明显，月经
过后就会消失或减轻。

雯雯要尽量记住自己的经期时间，或者注意自己身
体给你的小信号，提前准备，随身携带一些常用的卫生
巾，这样就不怕出现"意外"啦！

经期到来好烦躁

留言板：

　　"来月经的那几天，总是觉得心情很烦躁，这是为什么呀？今天
好朋友还被我的坏脾气给惹生气了，事后我又很后悔，责怪自己怎么
可以对她发脾气，怎么才能让心情不烦躁呢？"

——美乐桃　15 岁

@ 美乐桃

　　月经期有些小情绪，其实是很正常的，桃子不用着急，要以平常
心去面对，用科学的方法去调整，一切自然就迎刃而解了。

　　女孩的月经是受内分泌控制的，有些女孩月经期间的神经和体液
调节功能处于不稳定的状态，这时大脑皮层兴奋性改变，使体内的雌

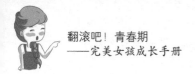
激素和孕激素比例不协调，就会造成植物神经功能的紊乱，引起身体不适，同时产生情绪上的不稳定。

一般会有下面几种情况。

第一种情况，对什么事情都失去了兴趣，即便是以前经常参加的活动，总是无精打采，很难集中注意力。

第二种情况，突然感觉非常伤心、难过，会有想哭的冲动，有时还会感觉相当愤怒、暴躁，时常还伴有焦虑感。

第三种情况，可能出现暴饮暴食或者没有胃口的现象，还会贪睡或者失眠。

想要改善这样的情绪，一定要保持轻松愉快的心情和良好的身体状况，多做一些让自己开心的事，吃一些自己想吃的食物，保持好心情。

在经期前几天的时间里，不要太紧张或者过于劳累，要注意劳逸结合。

小桃子一定要和好友说明你的状态，相信她一定可以理解你的，这样就可以减少和朋友的冲突啦！

那些关于男孩儿的事

留言板：

"亲爱的姐姐，昨晚我做了一个非常奇怪的梦，梦见自己和不认识的男孩儿手牵着手，还很亲密，为什么我会做这种梦呢？又不好意思跟朋友讲，真的觉得是很让自己脸红的事情呀!"

——仲夏夜之梦　15 岁

@ 仲夏夜之梦

亲爱的，做这种梦一点都不奇怪。你正处在青春期，青春期女孩的感情世界会比以前更加复杂一些，更想要了解两性之间的秘密，也可能会比较留意身边与性有关的电影、爱情故事、情侣间的亲昵动作等，这些都会对女孩的心理产生一些小影响。

当你在大脑清醒的时候，有一定的自我控制能力，在熟睡之后，大脑得到了充分放松，有关性的东西就会自动在你的梦中反映出来了，这也就是人们通常说的性梦。

其实，男孩比女孩更容易做性梦，而且做这种梦的频率也会随着年龄的增长而增加。

性梦的本质是一种潜意识活动，是人类正常性思维的表现，它并不能受你自己的控制。梦和现实之间存在着很大的差别，它并不能代表你的真正意愿!

性梦与道德品质一点关系也没有哟! 它不会因为人的品质好就不做性梦，也不会因为人的道德不好就夜夜做性梦，要知道，性梦是青春期性成熟后出现的正常的生理和心理现象，不需要让自己有太多烦恼啊!

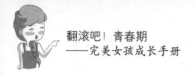

我是不是个坏女孩

留言板：

"我常常幻想和喜欢的男孩在一起的种种情景，这难道就是性幻想？还有只要我从电影里看到男女亲密的镜头，我就会脸红，心跳加速，我是不是个坏女孩啊？我该怎么办呢？"

——琳娜　12岁

@琳娜

娜娜宝贝，我可以肯定地告诉你，你不是一个坏女孩！

女孩进入青春期以后，都会产生这种幻想的，只是每个人幻想的内容和性质等方面存在着区别而已。有些女孩幻想时自己就像是电影观众，看着别人亲昵，还有些女孩会幻想着做剧中亲昵的主角，总之是千奇百怪各有不同啦！

　　这些幻想来自人体大脑皮层的活动，它是对现实生活渴望的一种精神满足，幻想的内容通常和女孩的性经历、想象力还有外界信息的获取有着很大的关系，容易产生这种幻想的时间一般是在睡觉前和睡醒后。

　　当女孩看到电影里男女亲密的镜头后，出现这种幻想都是正常的生理和心理现象。亲爱的，你需要正确认识青春期出现的各种生理变化，像月经、乳房发育等等，培养健康的性意识和性道德，不要阅读淫秽的书刊、更不要浏览不文明的图片，与男孩子坦率、友好地交往，我相信，你的这些问题就能很轻松地解决了。

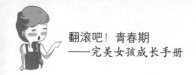

第二季　问题女孩

 **女生的胸部大小会不一样？**

留言板：

"妈妈带我和琪琪一起泡温泉，她发现我的两个乳房大小不太一样，妈妈说可能是因为我正在发育，另一个还没有发育太好，这件事情让我觉得好奇怪，是我发育不良吗？"

——冉冉　14 岁

@ 冉冉

亲爱的，你是正在发育的女孩，出现这种情况很正常！你的乳房会随着你的身体发育而慢慢成熟，所以不用担心啦！

乳房会有大小不同，是因为女孩两侧乳房对雌激素的敏感程度不一样，哪一侧的乳房敏感，哪一侧就会发育得快些。人的身体结构是很微妙的，其实，不只是你的乳房，如果你仔细观察一下，就会发现，像你的眼睛呀，耳朵呀，手呀，脚呀，左右都是有细微的差别呢！

现在我来教你两种简单易学的小方法，帮助你促进乳房的发育吧！

按摩方法：如果冉冉的左侧乳房较小，用右手先轻轻旋转按摩左侧乳房，然后再纵向、横向按摩。如果是右侧乳房较小，就用左手以相同的方法按摩右侧乳房。这种方式按摩 1 分钟就可以，是不是很简单呢？

运动方法：挺胸抬头，身体保持直立。双手在胸前合十，尽量撑开肘部。让胸部保持在用力的状态下，同时手心用力，慢慢地向左右交互推移，各 10～20 次，每次当双手到达胸前中心位置时吸气，注意在做的过程中双肩不要摆动。乳房小的一侧可适当多做几次。

除此之外，冉冉平时还要注意行走、站立的姿态，挺胸收腹，穿着舒适的内衣，这样有利于乳房更好地发育哟！

乳头上的白色东西是什么？

留言板：

"早上醒来之后觉得乳头非常痒，用手挤了一下乳头，没想到流出来些乳白色、黏黏的东西，姐姐，我咪咪不会是生病了吧？"

——雅雅公主　13 岁

@ 雅雅公主

可爱的公主，你乳头上白色的东西，是乳房的分泌物。平时雅雅

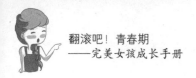
要多注意一下自己的乳房，如果只是出现少许的白色分泌物，没什么异味，就不用太担心了。

正常　　　不正常

有异味

少量分泌物　　常有分泌物
无异味

如果乳头上总是有分泌物出现，而且分泌物有异味，就要尽快去医院检查了，千万不要不好意思！

什么情况会使分泌物异常呢？

乳房发炎：如果是这种情况，分泌物会有血状、发黄、伴有异味，同时乳房还会红肿。

脑下垂体刺激泌乳激素：如果是这种情况，每天都会分泌出许多像乳汁一样的白色分泌物。

如果不是姐姐所说的上面那两种情况，雅雅就不用着急啦。正常时的乳房也会分泌出一些物质或产生一些组织液，雅雅没有发现它们，是因为它们已经被雅雅的身体吸收掉了。而被雅雅发现的这些分泌物，是经过挤压才出来的。这些都是很正常的现象！

乳头内陷怎么办？

留言板：

"看着慢慢突起的乳房，我有了一个小小的疑问，为什么没有像妈妈那样的乳头呢？天哪！我不会是没有乳头吧！"

——"核桃"女孩　12岁

@核桃

小核桃不要胡思乱想啦，你可不是没有乳头哟！你的乳房表面是不是像火山口一样，看不到乳头呢？这是因为你的乳头没有突出，不在乳晕的表面，而是凹陷在里面，这种情况叫作乳头内陷。

每个人的身体素质不一样，所以乳头内陷的深浅也是有差别的，通常我们把乳头内陷分为三类。

第一类：只有一小部分乳头内陷在乳晕里，可以看到乳头的颈部，像这种乳头轻微的内陷，只要用手轻轻地挤，乳头就会被挤出，挤出的乳头与正常的没有什么区别。

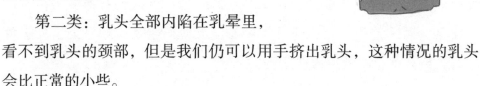

第二类：乳头全部内陷在乳晕里，看不到乳头的颈部，但是我们仍可以用手挤出乳头，这种情况的乳头会比正常的小些。

第三类：乳头完全掩埋在乳晕的下面，我们无法用手挤出乳头，这种情况就比较严重了。

如果小核桃的情况不是很严重，可以自己试着牵拉乳头，经常反复牵拉乳头，可以使双乳突出，可以增大乳头周围皮肤的支撑力，时间久了，慢慢地，乳头就会自然向外凸起来。如果不能拉出来，可以试着用手轻轻地向外推乳头周围的皮肤。

假使情况比较严重，最好让妈妈带你去医院看看，因为深陷的乳头很可能会存积大量的污垢和油脂，引起瘙痒、湿疹或炎症。

乳头内陷的女孩，最好选用纯棉的贴身内

衣，要勤换洗，在日光下晾晒。内衣尺码要合适，不要过紧。一旦发现乳头有些发红或出现裂口，一定要将内衣进行消毒，可以用热水蒸煮一下。如果小核桃有趴着看书或睡觉的习惯，乳头也会遭到挤压，为了避免加重乳头内陷的程度，一定要及时改正哟！

内衣会影响乳房发育吗？

留言板：

　　"最近觉得以前的内衣穿起来有些瘦了，本来想重新买内衣的，可是班里的同学却告诉我，穿小一点的内衣，可以让胸部变小，不那么明显。而且为了不让胸部显得明显，有些同学还故意穿上了束胸的内衣呢！真是担心她们的健康啊！"

——太平小公主　15岁

@太平小公主

　　宝贝，如果内衣小了，一定要去买新的内衣哟！

　　青春期的女孩子可能会因为胸部的突然变化感到害羞，所以选择比较瘦小的内衣束身。亲爱的，要知道内衣太小是会影响乳房发育的，青春发育是一个必经的过程，不要因为乳房的发育而感到烦恼，自然地去接受它，它可是你从小女孩变成大美女的见证啊！

　　青春期的女孩们身体发育处于高峰

时期，胸廓正在随着骨骼的发育而不断增大，同时你的呼吸功能、肺活量也在增强、增大。如果现在束胸，会影响到你正常的身体发育哟！

内衣太紧或是有意的束胸还会影响身体的血液循环，造成乳房胀痛、乳头内陷、乳房发育不良等后果。束胸时间太久，严重了还容易患上乳腺疾病呢！

所以呀！处在青春期的女孩儿，不但不可以束胸，还应该有意识地多做些胸部的锻炼，让它健康快乐地长大才是最重要的。

我的个子矮吗？

留言板：

"最近身边的同学个子长得越来越快，我成了她们中间的小不点，妈妈说这是锻炼身体的结果。我半年前就开始锻炼身体了，可不管我怎么运动，还是比别人矮，而且奶奶说女孩子来了月经之后就不会再长个子了，我不要当小矮人，呜呜——"

——糕糕　13岁

@糕糕

你比别人运动得多，可还是没有长高，是因为除了体育锻炼，还有很多因素会影响青春期女孩长高，让我们一起来看一下吧。

一、遗传因素：它可是直接影响着你的身高哟！爸爸妈妈长得高，孩子长高的机会就很大。爸爸妈妈长得

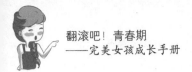
矮，孩子长高的机会就很小，不过这并不是绝对的！

二、睡眠因素：如果睡眠不足或是睡眠的质量不好，都会延缓骨骼的发育，从而影响身高，要知道充足的睡眠对于身体发育真的很重要。

三、饮食因素：挑食、偏食，都会使身体营养不良，吸收不到营养，会影响到骨骼发育。想要个子高，偏食、挑食一定要不得。牛奶、鱼类、胡萝卜等食物能帮助你补充长高的能量，所以要多吃哟！

四、生理因素：不规律的生活或不良的生活习惯等，比如不按时吃饭，吸烟喝酒等都会影响女孩子的身高。

五、心理因素：长期心情低落，郁闷，情绪积压，会影响发育。

六、性格因素：暴躁、易怒，会加快营养代谢，从而使身体发育缓慢。

糕糕，你自己想一下，是哪些原因影响了你长个子，然后调整自己的心情，找到合适的解决办法吧！还有奶奶的说法可不是正确的哟，来了月经之后，只要你注意避免以上因素的干扰，还是会长个子的，而且在月经初潮后的一两年里，如果饮食规律、营养健康，个子还会长得特别快呢！

女生会长喉结吗？

留言板：

"看到班里越来越多的男孩长了喉结，要是女孩也长喉结不是很难看吗，真担心自己也会长喉结，姐姐，你说会吗？"

——淘气的笑笑　13岁

@ 淘气的笑笑

笑笑，你的问题太可爱了！大部分女孩是不会长喉结的，只有极少数的女孩会长喉结，我想你就不必过于担心这件事啦！

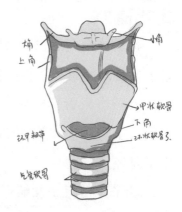

喉结是男孩的第二性征之一。进入青春期后，男孩的雄激素分泌增加，在雄激素的作用下，喉结会发生不同程度的向前突出。

都有哪些因素会让女孩长喉结呢？来看看吧！

一、遗传因素：除了身高、外貌等爸爸妈妈会遗传给女儿，喉结大小也会遗传给女儿。如果爸爸的喉结特别大而且突出，那么女儿的喉结也很有可能会特别大而且突出。

二、太瘦：太瘦的女孩，会因为脖子前部的脂肪和肌肉组织不发达，所以看起来像是长了喉结。

三、体内激素影响：我们都知道，雌激素在女孩体内的性激素中占有统治地位，而雄激素相对来说很少。如果女孩体内一旦发生病变，如卵巢功能减退，或是肾上腺等内分泌腺出现问题，就会引起体内雄激素增多，从而使喉结突出。

雌激素是什么？

留言板：

"最近总是听到别人说'雌激素'，还说它很重要。它究竟是什么呢，我应该也会有吧？值得研究一下！"

——科学家小楠　16岁

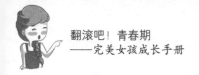

@ 小楠

你的体内当然也有雌激素啦！你听说的"雌激素"是一种女性激素，它主要是由卵巢和胎盘产生，还有少量是由肾上腺皮质产生的。

女孩进入青春期后，卵巢就开始分泌雌激素，以此来帮助和促进阴道、子宫、输卵管和卵巢自身的发育，同时子宫内膜增生，从而产生了月经。

除了生殖系统和雌激素有关以外，神经系统、心血管系统、泌尿系统等，都对雌激素起作用，雌激素可是女孩发育成熟的过程中必不可少的因素。

雌激素可以促进皮下脂肪的聚集，使你的体态更加丰满；可以促进乳腺生长，乳头、乳晕颜色变深；可以促进体内钠和水的储存，减少骨中钙的丢失等。

科学家小楠，你说雌激素重不重要啊？

女孩的月经有早有晚？

留言板：

"亲爱的小姐姐，表姐比我大两岁，是名优秀的运动员。寒假她来家里陪我，刚好我来月经，没能和她一起去滑雪。让我意外的是，表姐说她还没有来月经。我们班里夏夏也还没有来月经，真是羡慕她们呀！"

——棒棒糖小姐　13 岁

@ 棒棒糖小姐

小姐姐告诉你，每个女孩都会来月经的，只是时间早晚而已。

表姐是运动员，需要长时间的体育锻炼，可能是剧烈运动使月经初潮推迟，这还非常容易导致闭经呢。

如果表姐在 10 岁的时候，就开始接受专业性的训练，那么每训练一年就会使月经初潮的时间推迟 5 个月左右。这是由于剧烈运动会影响下丘脑分泌黄体酮释放激素，从而干扰脑垂体对促性腺激素正常周期性的释放，导致月经周期紊乱或出现闭经等现象。

而夏夏就与表姐的情况不同了。

女孩月经初潮的年龄一般是在 13～15 岁。夏夏刚刚 13 岁，她还没来月经应该属于正常的情况，每个人的身体状况都不同，所以月经初潮的时间也是不相同的。

除了个人的身体素质外，月经初潮的时间还与很多因素有关，例如遗传、环境、民族和营养等。

下次什么时间来？

留言板：

"三月份，我来月经后，妈妈说我成为一个大女孩了，要努力学会照顾自己。姐姐，我特别想知道，经血是由什么组成的，来月经的时候我需要注意些什么呢？"

——小樱　13 岁

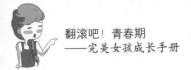
@ 小樱

好多女孩都向我提过这样的问题，我们一起来关注一下吧！

经血除血液成分以外，还含有一些脱落的子宫内膜、子宫颈黏液及阴道分泌物等。

经血的颜色发暗，呈碱性，无臭味，略有黏性，不易凝成血块，仔细观察会看到小而薄的碎片。

月经期间应注意以下问题。

一、卫生清洁：为了保持经期外阴的清洁卫生，每晚最好用温开水擦洗，最好温水淋浴。内裤要每日换洗，卫生巾一般 2～3 小时就要更换一片，便后要用柔软干净的卫生纸从前向后擦拭。

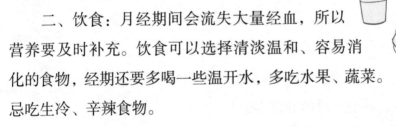

二、饮食：月经期间会流失大量经血，所以营养要及时补充。饮食可以选择清淡温和、容易消化的食物，经期还要多喝一些温开水，多吃水果、蔬菜。忌吃生冷、辛辣食物。

三、保证充足睡眠，适度的运动：恰到好处的运动，可以促进盆腔的血液循环。需要注意的是，不要剧烈运动或过度劳累，这样会使盆腔过度充血，引起月经过多、时间延长及腰腹酸痛。

四、注意寒暖：经期毛孔都会放大，要特别注意气候的变化，防止在高温下日晒，风吹雨淋。不要游泳或用凉水洗头、洗脚，更不要坐很凉的椅子哟。

五、保持心情愉悦：经期要保持情绪平稳，心情愉悦、舒畅，避免受到不良情绪的影响，防止月经不调。

麻烦的月经

留言板：

"好担心自己会在没有准备的情况下来月经啊，尤其是上课的时候，好讨厌啊！这让我总是很紧张，月经要是每个月的同一个日期来就好了！"

——乐天派　14 岁

@乐天派

亲爱的，有很多女孩都曾经因为不了解自己会在什么时间来月经，而遭遇尴尬。为了避免上课来月经这种突发事件的发生，我们就要养成良好的记录月经周期的习惯。

月经是有规律的，因为它是在卵巢激素的周期性作用下，子宫内膜功能层出现的周期性变化，每隔一个月左右发生一次子宫内膜增生、

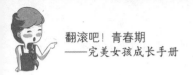

分泌、脱落、出血、修复，成为一个月经周期。通常情况下从这一次月经的第一天算起，28～32天后就会再来月经。记录好月经周期，就可以在计算好要来月经的那几天采取一些必要的措施，例如垫上一个护垫或迷你卫生巾。

如果在上课的时候来月经了，不要感到不好意思，向老师举手示意一下，去洗手间或请假，老师是会理解的。

 # 痛经怎么办？

留言板：

"小姐姐，我来月经的几天，经血很多，总是感到头晕、头痛。这些症状对于我来说好麻烦呀，我该怎么办才好？好想知道有什么办法可以缓解痛经啊！"

——灿烂的微笑　16岁

@灿烂的微笑

宝贝儿，如果你在月经期间经血过多，并感到全身无力、头晕，很有可能是贫血。若是同时还出现皮肤缺水、头发暗淡无光泽、口腔溃疡等现象，那就很有可能是缺铁性贫血，最好让妈妈带你去医院做一次血常规检查。

可以让医生给你开一些补铁口服液，或是注射液。还可以让妈妈给你做一些补铁的可口菜肴。动物肝脏、瘦肉、黑芝麻、黑木耳、蛋黄、红糖等都是含铁丰富的食物。补充充足的铁，就不会出现头晕的现象啦！

经期头痛，可能是因为经前改变了体内的激素水平，从而引起血管扩张，导致头痛；也可能是因为经期恐惧、紧张、焦虑、不安，导致头痛；还有可能是因为身体不适、睡眠质量差或睡眠不足，导致头痛。要想缓解头痛，就要保持轻松、愉悦的心态，还有充足的睡眠。

给微笑同学的缓解痛经小技巧：

选择一个宽敞的地方，坐下来，双腿分开，尽量用手握自己的脚趾或脚踝。上身保持挺直，收紧肋骨下面的肌肉，做5～6次深呼吸，在最后一次呼气的同时，身体慢慢前倾。

双手松开，身体恢复到放松状态。接着，两小腿弯向内侧并向回收拢，使两脚掌合并。用手握住自己的脚踝。同样收紧肋骨下面的肌肉，慢慢打开胸腔，微抬头，深呼吸5～6次。

身体再次恢复到放松状态，平躺下，一条腿伸直，另一条腿屈膝抬起，用双手抱住膝盖，坚持一会儿后，换另一条腿。

什么样的卫生巾适合我？

留言板：

"身边的闺蜜好多都来月经了，我想自己应该也快了吧，周末去

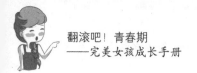
超市准备先买卫生巾备着，可是超市里卫生巾种类好多呀，什么样的适合我呢……"

——上官小白　14岁

@ 上官小白

亲爱的，你真是一个细心的女孩儿哟，让我来帮你了解它们吧！

卫生巾，用来吸收女性月经来潮时的经血，它的材质主要是棉状纸浆和高分子吸收体。它的种类有很多，按形状分为：基本型、带护翼、立体护围等。按厚度分为：基本、超薄、丝薄等。按材质分为：棉质网面、干爽网面、柔爽网面等。还可以按厚度、长度分为：日用、夜用等。

选择卫生巾是很重要的事，经期女孩敏感部位的皮肤很容易受到损伤。在选购卫生巾时，要查看日期、使用说明、卫生指数，一定要选择正规厂家出产的合格产品，卫生巾的外包装上要有一个"使用合格"的标志才可以。

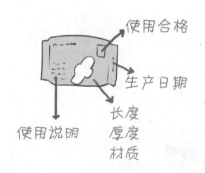

卫生巾一般由三部分构成：表面层、吸收层和底层。选择时要考虑这三部分的材料及作用。最好选择表面层为干爽网面漏斗型，吸收层要含高效胶化层，底层透气性能好的卫生巾。

在月经刚开始或快结束时可以选择短、小的，在第二、三天经血多的时候可以选择长、厚且吸收好的。另外，由于夜间不能像白天一样更换它，所以要

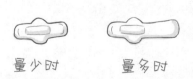

量少时　　量多时

选择夜用、干爽网面的，它的吸收和透气性能比较好。皮肤比较敏感的女孩最好使用棉质的卫生巾，对皮肤的刺激较小。

卫生巾的存放也是一个问题，不要一次买太多。因为即便是没有拆封的卫生巾，受潮或存放过久，也会发生变质。打开包装后的卫生巾要收藏在清洁、干燥、无菌的环境下哟。

经期遇上体育课

留言板：

"我平时是比较喜欢运动的，尤其是体操，自从月经初潮之后，经常会赶在体育课上，特别不喜欢在体育课上做一个'稻草人'。"

——体操女王小七　15岁

@体操女王小七

小七你好，体育课上的"稻草人"。其实，经期的时候，是可以做适当的运动的，这样对你的身体还很有好处呢！

小七喜欢的体操就是很不错的选择哟！只要动作比较柔和、舒缓，又不会太累，也非常适合在经期来做的。动作舒缓的体操能让你转移注意力，令你情绪平和，缓解你的压力，帮助避免经期不适等现象的发生，还有利于血液循环，减轻小腹胀痛等不良症状。例如慢走、瑜伽、太极都是经期不错的运动选择哟！

小姐姐虽然在鼓励你多做一些运动，但是像赛跑、跳跃、球类等剧烈的运动非常不适合在经期做，

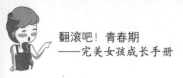
会给身体带来负担，加重经期不适，还可能会导致月经失调，所以要注意有所选择呀。

另外经期也不适合做一些力量训练，像哑铃或举重等，容易造成月经过多或延长月经时间。

运动后要一定注意保暖，不要着凉。如果在运动中感到头晕、恶心等不适，就要立即停止运动啦！

女孩需要做妇科检查吗？

留言板：

"妈妈和姨妈约好了要去做妇科检查,还说姨妈家的表姐也会去,我一听到是妇科检查，感觉很不好意思，我这个年纪的女孩也可以做妇科检查吗？"

——咖啡杯里的小熊　15 岁

@ 咖啡杯里的小熊

有很多女孩认为，妇科检查是已婚的女性才去做的，而且还会认为去做妇科检查的女孩一定是有什么问题了，其实这是非常错误的想法。妇科检查和其他的身体检查都是一样的，只是为了让你拥有更健康的身体！

经常去医院做妇科检查，可以预防妇科疾病的发生，还可以尽早发现疾病，治愈疾病。

做妇科检查的医生都很细心、很温柔的，她会先询问你的一些基本情况,例如：年龄、多大开始来月经、月经是否规律、有没有痛经等。

再根据你所叙述的情况，为你做一些进一步的检查，例如血检、尿检、B超等。

处于青春期的女孩也可能会得妇科病，如果觉得身体不适，不要因为害羞而拒绝去做检查，延误了病情就不好啦！

 # 身体难闻的气味

留言板：

"夏天的天气太热，同桌总是喜欢用小扇子，她一扇风我就会闻到同桌的身体有一股难闻的气味，又不好意思对她说出来，看到我的表情她也很尴尬，课间也很少和我们一起玩了。妈妈说她这可能是腋臭，我好想帮帮她啊！"

——友爱的影子　15岁

@ 友爱的影子

影子妈妈应该说得没错，你同桌身上的这种气味应该就是腋臭。

我们通常还把腋臭叫作狐臭，它是分布在体表皮肤如腋下、会阴、背上等部位的大汗腺分泌物中所散发出极其难闻的气味。

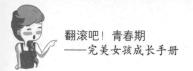
腋臭通常在青春发育期后会比较明显，由于新陈代谢比较旺盛，容易出汗、产生代谢分泌物，慢慢地会随着年龄的增长，大汗腺萎缩，气味会减淡。

影子可以给同桌写张字条，告诉她你很关心她，让她知道自己的问题出在哪儿，叫她不要着急，可以让她在生活中多注意以下几个方面。

一、注意饮食，多吃蔬菜，少吃有刺激性的食物和饮品，例如：蒜、葱、肉、油炸和辛辣食品、浓茶等。

二、注意个人卫生，经常洗澡，衣服要勤换洗，保证腋窝部位干燥、清洁。

三、劳逸结合，生活要有规律，最好制定作息时间表。运动要适中，可以散散步、慢走，不要做剧烈运动，避免弄得满身大汗。

四、尽量保持平和的情绪，情绪波动大时，可以听听舒缓的音乐，或是做几次深呼吸来舒缓情绪。

"性"是什么？

留言板：

"今天的性教育课上，老师讲了一大堆的东西，可是大家还是没有搞懂神秘的性是什么，真是一头雾水啊！"

——盛夏萤火虫　15岁

@ 盛夏萤火虫

亲爱的，关于"性"的问题，在家长和老师眼里有时会成为一个非常敏感甚至禁忌的话题呢！

其实，人类的"性"是一种天生的本能，除了可以繁衍后代以外，"性"也是人类正常生理需求。

当女性进入青春期以后，由于生殖器官的成熟和性腺的发育，性激素的分泌也会随之增加，这时性意识便会觉醒，并产生性欲。可能有一些女孩会通过手淫来缓解，也有一些女孩对性产生好奇和欲望，发生性行为。

对于青春期的女孩来说，无论从生理上还是心理上都还处于不成熟阶段，频繁的手淫或者发生性行为对身心健康都极为不利，而且还对今后的学习和生活产生一定影响哟！

小姐姐希望你们多从正常的渠道了解有关"性"的知识、"性"的道德、与"性"有关的价值观等，真正地认识"性"。但是，千万不要为了满足自己的好奇心及性需求，轻易去尝试做一些非常"可怕"的事情，那是对自己健康和心理最大的伤害！

青春期的女孩性成熟了吗？

留言板：

"听说有的女孩才十几岁就怀孕了？听起来有点恐怖，我想问一下，像我们这么大的女孩性成熟了吗？"

——小星星　16岁

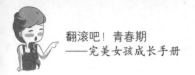
@ 小星星

亲爱的，在这里我要很严肃地告诉你，女孩子十几岁就怀孕，是因为她做错事了。青春期的女孩是不可以有性行为的哟，那样对于自己的身心健康都是很不利的。

我们常说的性成熟，不单单指身体上的发育成熟，还包含有心理上的成熟。

性成熟的过程主要发生在青春发育期，这时，身体在生长、发育、代谢、内分泌功能及心理状态诸方面均发生显著变化。同时心理上也会发生变化，如对异性的向往，希望异性注意自己，开始有性兴奋等。

女孩性成熟的特殊标志是月经来潮，正处于青春期的女孩，在生理上和心理上都会有一些性冲动。但是，青春期女孩的身体器官正处于生长发育的阶段，内外生殖器还没有完全发育成熟，如果这时候有性生活，对身体健康有很大的危害。

过早的性行为不仅会给身体健康带来危害，而且还会严重影响学习和心理健康。所以青春期女孩们不可以做那种不理智的事情哟！一定要珍惜自己的青春与身体！

这是不是性骚扰，女孩应该怎么做？

留言板：

"今天放学和好朋友一起坐公交车回家，我感觉站在我后面的一个男人紧挨着我，好像还用手捏了我的屁屁，我回头瞪了瞪他，他就转身走了，讨厌死了，回到家又不好意思和妈妈说，太丢人了。我这是被性骚扰了吗？女孩遇到性骚扰时该怎么办啊？"

——小旭的冬天　11 岁

@ 小旭的冬天

姐姐明确地告诉你，你是被性骚扰了！

性骚扰是一种不受欢迎而且带有性意识的接触。如果一个人用各种方法去接近另一方，另一方不喜欢、不愿意接受这些带有性意识的接近，都可以叫作性骚扰。

女孩常见的性骚扰有以下几种形式：

身体的形式：不必要的接触或抚摸女孩的身体，故意擦撞、紧贴女孩，强行搭女孩肩膀或者手臂。例如，小旭在公交车上遇到的就是这种情况。

言语的形式：故意和女孩谈论有关性的话题，讲述色情笑话、故事，对女孩的衣着和身材等进行有关性方面的评论。例如："你的裙子可真性感啊！"之类的话语。

非言语的形式：对女孩吹口哨或者发出接吻的声音，身体或手的动作具有性的暗示，用色眯眯的眼神看女孩，给女孩看与性有关的色情书刊、海报等。

以性要挟形式：用同意性服务作为借口，甚至用威胁的手段，强迫进行性行为。

所以女孩们要知道性骚扰不单是指身体上的接触，一些不礼貌的带有性意识的言语、动作，而让女孩产生

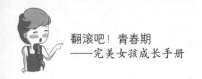
不安、焦虑、尴尬和不被尊重的感觉的形式，都属于性骚扰。

像小旭在公交车上遇到这种性骚扰，一定要勇敢地大声斥责对方，不要因为不好意思而忍让那种坏人。

另外女孩在日常生活中，要尽量避免穿袒胸露背或超短裙之类的衣服去人群拥挤或者僻静的地方。去公园或者是在比较陌生的环境时，要多留意身后是不是有不怀好意的尾随者，要尽早躲避开他们，到人多的地方去。晚上尽量不单独出门，独自在家时要关好门窗。

如果遇到有人对你性骚扰，一定要及时回避和报警，这并不是丢人的事情，你要有自我保护意识。如果没办法躲避，一定要大声呼救，以免遭受伤害。万一受到了严重的性侵害，应尽快去医院检查，防止内伤、怀孕或感染性病。女孩们一定要学会保护自己，爱惜自己！

手淫的危害

留言板：

"最近不知道自己是怎么了，总是想抚摸自己的下面，有一种说不出来的感觉，我知道这样做是不对的，可是有时就是控制不了自己，我是不是个坏女孩呀？我该怎么办啊？好痛苦啊！"

——痛苦的姗姗　15岁

@痛苦的姗姗

亲爱的，你的这种行为叫作手淫。手淫是指通过自我抚摸和刺激性器官而产生性兴奋或者性高潮的一种行为，这种刺激可以通过手或是某物体来产生。

青春期男孩女孩都可能会发生手淫，这属于一种自慰手段，是释放性能量、缓和性心理紧张的一种方法，但是这对身体、心理、学习和生活都会有影响。

手淫不仅会损伤身体的动力，会使你精神萎靡、意志薄弱、暴躁、多疑、恐惧，做事情缺少耐心与恒心。还会影响到智力的发育，而且长期手淫会严重破坏记忆力与思维能力的产生，学习成绩也会迅速下降。手淫行为一旦成瘾之后，就很难克制，渐渐地会引发各种慢性病，而且还有可能会影响到以后的生育能力。

有些女孩在手淫过程中注意力过度集中，精神紧张怕妈妈发现，另外手淫之后还会有懊悔心理，这些都会给女孩的精神和心理带来伤害。

听了这些后，宝贝先不必着急，姐姐一定会想办法帮助你的！你只要按照我说的来做，相信一定可以戒掉手淫的！

第一，要把注意力集中在学习上，平时多培养良好的兴趣，多参加体育运动，让旺盛的精力和体力得到适度的化解。

第二，早睡早起，选择轻薄一点的被子，不要裸睡。除了上厕所之外，不要接触身体的隐私部位。

第三，睡前可以看一些喜欢的故事书，千万不要看色情书籍和影片，要有克服手淫的决心。

第四，晚餐不要吃太多，像辣椒、咖啡、浓茶这些刺激性的食物和饮品尽量少吃。

第五，洗澡的时候，不要对着镜子欣赏自己的身体。

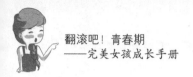

这是性行为吗？

留言板：

　　"每天放学后，我都会和一个男孩一起回家，我们是从小一起长大的好朋友。可是，前天他不知道怎么了，到我们平时分开的路口时，他叫住了我，并且强行拥抱、亲吻了我。我当时的第一反应就是给了他一巴掌。我想问问姐姐，和男孩拥抱、接吻是性行为吗？虽然我打了他，但当时我的心里也还是很兴奋的。我是不是学坏了呢？"

——春天里的露露　16岁

@ 春天里的露露

　　你有这样的心理反应是很正常的。随着年龄的增长，你已经从原来的小女孩进入了青春期，而在青春期阶段无论女孩还是男孩都会产生身体和心理上的变化，慢慢地也会随之产生性意识和性能力。还会对性产生好奇、冲动，这些都是非常正常的生理和心理现象，不要因此就觉得自己学坏了哟！

　　到底什么是性行为呢？你所说的拥抱和接吻算不算是性行为呢？和我一起来看一下吧！

　　性行为是指满足性欲和获得性快感而出现的动作和活动。人类性行为可以划分为三种类型：一是核心性性行为，即男性性器官和女性性器官结合的两性性行为。二是边缘性性行为，这种性行为的范围就比较广泛了。它的目的是表示

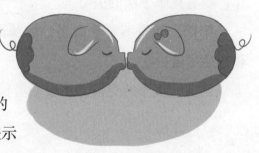

爱慕，或者仅仅是爱慕之心的自然流露。如接吻、拥抱等。三是类性行为，无肉体接触，如隔衣触碰女性乳房、臀部等。

这样来看，性行为并不仅仅意味着性交。偷看异性的裸体，手淫，与异性接吻、拥抱、爱抚，阅读色情小说，观看色情电影等，这些都属于性行为。

当然，像某些西方国家，把拥抱、亲吻作为一般见面的礼仪，那就同性行为完全无关啦！

青春期女孩们要通过正当的、科学的、健康的方式去了解性知识和性行为，避免过早发生性行为。

宝宝从哪里来？

留言板：

"我很好奇，自己是怎么来到这个世界的，每次问妈妈，妈妈都说我太小了，等长大就知道了，有一次看到电视里生宝宝，宝宝是自己到妈妈肚子里的吗？告诉我好不好呀？"

——探索世界的小羊　11 岁

@ 探索世界的小羊

当成年的女孩遇到一个和自己真心相爱的男孩后，他们会很渴望能够经常在一起。慢慢地他们会通过牵手、拥抱、亲吻来表达爱意，并且会结婚，生活在一起来延续他们的爱情。

当他们有了一定的生活基础后，并且在心理上和身体上也准备好了，也愿意承担养育宝宝的责任时，他们就会准备孕育一个属于他们

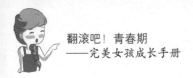
的爱情结晶——宝宝。

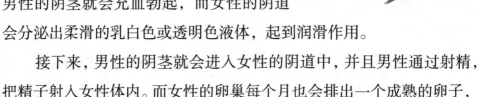

为了能孕育宝宝，他们会带着爱意拥抱、亲吻，他们的身体也会随之发生一些变化，男性的阴茎就会充血勃起，而女性的阴道会分泌出柔滑的乳白色或透明色液体，起到润滑作用。

接下来，男性的阴茎就会进入女性的阴道中，并且男性通过射精，把精子射入女性体内。而女性的卵巢每个月也会排出一个成熟的卵子，并且进入输卵管等待与最强壮的精子会合。

然后许许多多精子像小蝌蚪一样奋力地向那颗等待着的卵子游去，游得最快的精子与卵子结合后，就变成了宝宝的"种子"。

宝宝的"种子"在妈妈肚子里经过十个月左右的孕育，慢慢吸收营养，逐渐地成长为一个健康的宝宝。等到十个月过后，已经成熟的宝宝就会从妈妈的阴道中出来了。最后，一个健康的小天使成功地诞生了。

亲爱的，现在你应该知道宝宝到底从哪里来的了吧？

发生性行为之后，就会有宝宝吗？

留言板：

"我有一个很害羞的问题想向你请教，是不是发生性行为后，就会有宝宝呢？"

——北北　15岁

@北北

发生性行为以后，不一定会有宝宝的。

健康的成年女性每个月会从卵巢中排出一枚成熟的卵子，同时子宫内膜在激素的作用下增厚和充血，这时子宫也就开始要准备孕育新生命了。如果这个时候男性睾丸中产生的精子，从他身体出来后，能够进入女性体内并和卵子结合，这样叫作"受精"，受精卵最后会着床在子宫内膜，女性就这样怀孕了。慢慢地，宝宝在妈妈肚子里吸收营养而逐渐长大。

如果没受精，子宫内膜脱落会和卵子一起经阴道排出体外，这些就是女性的月经。所以呀，只有女性的卵子和男性的精子结合并着床在子宫，女性才会怀孕呢！如果精子和卵子无法结合，或者有一些由于生殖器官异常妨碍精子和卵子相遇，那么，就算发生性行为，也不会怀孕生宝宝的。

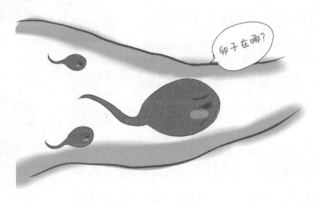

 # 不要过早发生性行为

留言板：

"小姐姐，我们处在青春期的女孩是不是不应该发生性行为啊？怎样才能防止过早地发生性行为呢？"

——盈盈的微笑　15岁

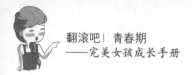
@ 盈盈的微笑

盈盈说得很对啊！青春期女孩是不该发生性行为的。

青春期的女孩正处于生长发育阶段，无论在生理还是在心理上都还没有成熟起来，如果在这时，青春期女孩过早地发生性行为，无论对身体的健康，还是心理的健康都会造成严重的影响。对于现在的你们来说学习才是最为重要的事啊！有些女孩会因为对性知识及性行为的好奇心，或是因为渴望追求其中的刺激，在一时冲动之下，发生一些本不该发生的事情，这可不是聪明的选择。

怎样才能防止过早地发生性行为呢？

第一，要正确地了解一些关于性的知识。不要因为一时的好奇而过早地发生性行为，从而为生活带来不良后果。

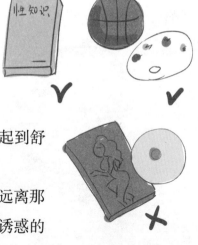

第二，多培养一些个人兴趣爱好，转移注意力。或多参加一些体育运动，把多余的精力与能量释放出去，这样还能起到舒缓情绪的作用。

第三，在生活中，女孩们一定要自觉远离那些有刺激性的色情电影、书刊等，减少性诱惑的可能，以免情绪受到影响，无法控制。

如何避免怀孕？

留言板：

"早上看新闻的时候，看到有一个比我还小的女孩怀孕了。我想她一定是偷吃了'禁果'，我想问问姐姐，如何避免怀孕呢？"

——精灵淼淼 16 岁

@ 精灵淼淼

亲爱的，现在有很多男孩和女孩，在还不了解爱情与责任时，就因为追求一时的刺激而发生不当的性行为，这种行为的后果又往往是他们很难承受的。

当他们在进行爱之初体验时，因为经验不足或采取的措施不当，通常很容易造成怀孕，甚至是让自己的身体感染一些性病，如果从性安全、性卫生角度考虑，应该使用避孕套。

如果发生了性行为，并且没有采取有效的措施，还可以在性行为后服用避孕药来挽救一下。

在这里，小姐姐想要告诉你，避免怀孕的最好方法就是不要发生性行为，这样才是对自己最大的负责！

宝宝为什么有男有女？

留言板：

"我一直有一个疑问，为什么我是女孩，弟弟是男孩，我也想当男孩，我不喜欢女孩玩的娃娃，我喜欢男孩玩的枪战呀，大侠游戏呀，还有一些惊险的探索游戏。可是妈妈说我只能做女孩，这是为什么啊？

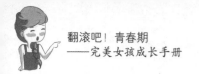

为什么会有男有女？是什么决定了我是女孩，弟弟是男孩？"

——大侠欢欢　11岁

@ 大侠欢欢

做男孩是很好，可是做女孩有什么不好的呀！女孩还可以穿漂亮的裙子呢！女孩也可以当大侠啊，在古代不是也有很多女侠吗？还有很多女性探险家呀！

前面我们已经知道了，精子和卵子结合后才会有宝宝出生。当精子和卵子结合，融为一体后，先成为受精卵。而欢欢会成为男孩或女孩就是由受精卵中的一对性染色体决定的。

人体的每个细胞（包括生殖细胞）中都有23对携带遗传物质的染色体，其中22对为常染色体，决定除性别之外的全部遗传信息，另1对为性染色体，也就是这对性染色体决定了宝宝的性别。

男性的1对性染色体由X染色体和Y染色体组成，所以分裂成熟后的精子，一种含X性染色体的称为X精子，另一种含Y性染色体的称为Y精子。而女性的1对性染色体均为X染色体，所以分裂成熟后的卵子都是含有1条X性染色体。

当精子和卵子结合，融为一体后，就成了受精卵。如果是X精子和卵子结合，则受精卵中的一对性染色体为XX，胎儿发育为女宝宝；如果Y精子与卵子结合，则受精卵中的一对性染色体为XY，胎儿发育为男宝宝。

现在欢欢知道自己为什么是女孩了吧！其实，男孩、女孩各有优势。既然爸爸妈妈在给予我们生命的时候就已经决定了欢欢是女孩，那我们就幸福地接受吧！

 # 这是同性恋吗？

留言板：

"我现在很困惑，我有些怀疑自己是不是同性恋。我和淡淡是同桌，我们的关系一直很要好，无论是下课上厕所还是中午吃饭、放学回家，我们俩都手拉手，我有什么话都只想跟她说，放假的时候我们也总是形影不离，几天看不见她我就会想她。有时我看见她跟别的同学有说有笑，我就很生气，觉得自己很孤独，很失落，这是同性恋吗？"

——妮妮的小世界　16 岁

@ 妮妮的小世界

妮妮想得太多了，你这并不是同性恋哟！

同性恋是指一个人在性爱、心理、情感上的兴趣主要对象均为同性别的人，无论这样的兴趣是否从外显行为中表露出来。

从你的描述中，可以肯定你只是对友情比较依赖而已。同性之间的亲密不等于同性恋。青春期的女孩对朋友的依赖性增大，大多女孩都会有较为亲密的朋友，其中的原因主要是在追求心理上的支持。女孩的表现大多为：手牵手一起上学、放学，或是结伴去厕所；还有课后悄悄话不断等。这种亲密的友情是不能与同性恋画上等号的哟！

而你不愿意看到她跟别的同学有说有笑的，那样你会很失落，很孤独，说句实话，你不要生气哟！你是不是朋友很少啊，因此能说心里话、能寄托感情的也只有淡淡一个人，所以你才会觉得自己是同性恋。说明你只是对于同性比较依恋，这并不是同性恋。

青春期的女孩，会非常重视友情，而你们最原始、最安全的友情

就来自于同性之间。友情，会让青春期的女孩觉得自己被重视，有依靠。慢慢地有人就开始把这种依恋当成是同性恋，青春期的确是一个性倾向比较混乱的时期，这时一定要更正确地认识自己、评价自己，千万不要随便给自己安上"同性恋"的名号哟！

艾滋病好恐怖

留言板：

　　"经常会看到预防艾滋病的广告和新闻，看上去这是一种很恐怖的传染病，是这样吗？"

——爱问问题的晶晶　15 岁

@ 爱问问题的晶晶

　　艾滋病的确很恐怖！得了这种病死亡率达到了 100%，因为现在还没有有效治疗艾滋病的办法。

　　艾滋病是获得性免疫缺陷综合征，分为 HIV-1 型和 HIV-2 型两种类型，是人体感染了"人类免疫缺陷病毒"所导致的传染病。艾滋病被人们称作"史后世纪的瘟疫"，还被称作"超级癌症"和"世纪杀手"。

艾滋病本身不是一种病，而是一种无法抵抗其他疾病的状态或者综合症状。人是不会死于艾滋病的，而是会死于与艾滋病相关的疾病。

艾滋病病毒的感染者从感染的初期算起，可能要经过几年或十几年的潜伏期之后才会发展成艾滋病病人。艾滋病病人因为抵抗能力的下降会出现多种感染，如带状疱疹、口腔霉菌感染、肺结核，特殊病原微生物引起的肠炎、肺炎、脑炎等，晚期时会出现恶性肿瘤，最后全身器官衰竭而死亡。

艾滋病虽然是一种很可怕的传染病，但我们也没有必要过分担心。艾滋病毒不会通过空气、食物、水等一般日常生活接触传播。它的传播途径有：性传播、血液传播、母婴传播。

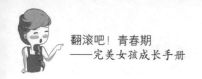
第三季　完美自我修订时

青春期需要的营养

留言板：

　　"姥姥一会儿说吃这个能长高，一会儿说吃那个能变聪明，每天给我准备很多好吃的，我吃多了怕变胖，吃少了又担心营养不良，真是既幸福又烦恼啊！"

——美味果蔬　13 岁

@ 美味果蔬

　　女孩在进入青春期后，生理发生了很大变化，这时卵巢已发育并接近成熟，月经开始来潮，体重增加，身高迅速增高，内脏功能逐渐加强。特别是平时喜欢运动的女孩会迅速成长，活泼好动，消耗量也随之增多，对各种营养物质的需求量增大，生长发育的速度会达到高峰，而青春期发育的好坏，直接影响到以后的健康状况。那么，青春期女孩需要哪些营养呢？

　　第一，蛋白质。蛋白质是青春期生长发育的基础，是机体的重要组成成分，人体的血、肌肉、神经、皮肤、头发等都是由蛋白质构成的。青春期女孩每天每千克体重需要的蛋白质在 2～4 克，而女孩在月经期间会丢失部分蛋白质，所以要特别注意蛋白质的补充。你所吃食物中的蛋类、牛奶、瘦肉、大豆和玉米都含有丰富的蛋白质。记住吃的时候要混着吃，不要只吃一种哟，这样各类食物蛋白质互相补充，才能营养均衡啦！

第二，热量。青春期女孩对热量的需求较大，比成年人多 25% ～ 50%，每天需要的热量大概为 2600 ～ 2700 卡。这些热量主要来源为糖、脂肪和蛋白质。多吃饭就可以补充营养啦！可是偏偏有些女孩不喜欢吃早饭或故意不吃饱，这样就会造成热量供应不足，从而影响生长发育，所以早饭不但要吃好，更要吃饱。

第三，维生素。在青春期女孩生长发育中，维生素是必不可少的。维生素不仅可以预防许多疾病，还可以提高机体免疫力。好的皮肤和健康的身体更是离不开维生素，女孩每天所需要的维生素大部分是从蔬菜和水果里获取的，只要多吃些蔬菜和水果就可以啦，如富含维生素 B 的芹菜、豆类，富含维生素 C 的新鲜红枣、山楂、西红柿以及绿叶蔬菜等。

第四，矿物质。对于青春期的女孩来说，矿物质可是生理活动不可缺少的营养素。

钙：钙和磷参与骨骼和神经细胞的形成，如果钙摄入不足或钙磷比例不适当，就会使骨骼发育不全。食物中奶类、豆制品里都含有丰富的钙，所以努力补充吧！

除了从食物那里补充钙以外，还应进行一定量的室外活动，因为钙的吸收需在维生素 D 的作用下，阳光中的紫外线可使皮肤产生维生素 D，可以辅助机体吸收钙质。

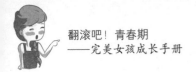

铁：青春期女孩对铁的需求也高于成人。铁缺乏会引起缺铁性贫血，严重的还会出现精神疲倦、乏力、注意力不集中、记忆力下降等。铁还是血红蛋白的重要成分，如果膳食中缺铁，就会造成缺铁性贫血，特别是青春期女孩，每次月经要损失 50 ～ 100 毫升血，至少要补充 15 ～ 30 毫克铁。动物肝脏、蛋黄、黑木耳中都含有丰富的铁。维生素 C 可以协助胃肠道吸收铁质，平时还应该多吃一些富含维生素 C 的食品。

第五，微量元素。微量元素虽然在体内含量极少，但其在青春期的生长发育中起着很重要的作用。特别是锌，动物肝脏和海产品中都含有丰富的锌元素哟！

皮肤护理宝典

留言板：

"告诉你一个小秘密，每次看妈妈往脸上涂一些像泥一样的面膜之后，皮肤就变得好好啊！所以我就经常趁着妈妈不在家的时候，也偷偷地往脸上涂，哈哈！"

——美丽的小鱼宝宝　11 岁

@美丽的小鱼宝宝

小鱼不要再偷偷地用妈妈的护肤品了哟！妈妈使用的护肤品是不适合小鱼的！姐姐教你几个简单的办法，保证让小鱼变得更加漂亮！

一要注意皮肤的清洁，洗脸时一定要清洗干净，洗脸后可以涂抹一些润肤品，你所使用的清洁或是润肤的产品一定要适合你这个年龄和肤质，不要和妈妈共用哟！

二要提升皮肤的抗病性能。可以用冷水洗脸，或晒日光浴，日光浴的时间尽量选在上午 11 点前或下午 3 点后进行。其余时间还要做好防晒工作，可以打伞、戴遮阳帽，或适当涂些防晒产品。

三要给皮肤补充水分。最直接的方法就是多喝水，当然小鱼也可以多吃一些含有大量水分的蔬菜和水果，少吃辛辣食物。

如果不小心出现了皮肤问题，不要用手摸、挤，更不要随便使用药物，可以去找皮肤科医生帮忙，相信她会很乐意帮助美丽的小鱼哟！

拒绝眼镜"文化"

留言板：

　　"开学后，同桌戴上了眼睛，男同学都叫她'四眼妹'，好难听，我可不想变成'四眼妹'，真害怕自己也会近视！"

——电眼宝贝　12 岁

@ 电眼宝贝

宝贝，使我们近视的原因还真多呢，例如：长时间近距离看事物、用眼时间过长、照明光线过强或过弱、躺着或者走路时看书，另外还可能是因为遗传哟，如果你的爸爸妈妈都是高度近视，那么你也可能会是近视哟！

除了这些原因，青春期女孩的近视还和以下因素有关。

一、缺少睡眠。睡眠不足，会造成植物神经功能紊乱，而植物神经对眼睛的发育和视力调节起着支配作用。一旦植物神经功能紊乱，眼内睫状肌就会出现异常收缩，使眼轴变长，从而形成近视。

二、缺钙。甜食是每个女孩的最爱，但是糖摄入过量就会使体内血液呈酸性，为了使酸碱平衡，就需要用去体内大量的钙，这样做就会造成血钙含量减少，从而影响眼球壁的弹性，使眼轴伸长，慢慢地也会形成近视。

三、缺乏微量元素铬。体内一旦缺铬，就会使眼睛晶状体渗透压发生变化，同样也会形成近视。

如果宝贝不想变成"四眼妹"，就要保护好眼睛，预防近视！

护眼小技巧：
————————————

1.每天要保证充足的睡眠。

2.注意劳逸结合，养成良好的用眼习惯，防止用眼过度。

3.坚持每天做眼睛保健操。

4.不挑食、偏食，注意均衡营养。

头屑的烦恼

留言板：

"头皮屑好讨厌呀！弄得头皮特别痒，感觉这样的我一点都不完美，姐姐有没有好办法可以除去它们呀？"

——萝卜头 11岁

@萝卜头

你所看到的灰白色或灰黄色，细小薄片状的头皮屑，主要是新陈代谢的产物。因为有头发的遮盖，代谢物就会存留在你的头皮上，当它和空气中的一些灰尘混合在一起，接着又通过细菌、真菌的作用后，就形成了头皮屑。

其实头皮屑也可以说是一种皮肤病，试着按照我教你的方法去做吧！

1.注意饮食。牛肉、羊肉、猪肉、鸡肉、奶、蛋、糙米等食物含锌较多，应该多吃，这些食物有利于减少头皮屑的产生。

煎炸、油腻、辛辣或含有酒精、咖啡因等刺激性食物，应该少吃，这些食物会增加头油及头皮屑的形成。

不要吃过多的甜食，以免破坏体内的酸碱平衡，加速头皮屑的产生。

2.用37℃左右的温水洗头，水温太高会加速头皮油脂分泌，水温太低会使毛孔收缩，不利于清洗头发里的污垢。

3.洗发水的选择。可以选择带有去屑功效的洗发水，但要注意，洗发水对头发的清洁作用是暂时性的，一周后，头皮就会适应这种洗发水，它

对头皮就没有清洁作用了，最好是买两种牌子的洗发水交换着使用。

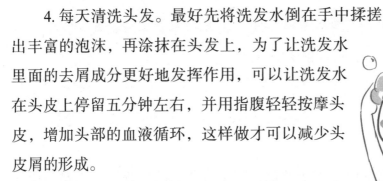

发胶等化学性用品会伤害发质，还会刺激皮肤，可能会成为产生皮屑的根源，要尽量少用发胶等产品。

4.每天清洗头发。最好先将洗发水倒在手中揉搓出丰富的泡沫，再涂抹在头发上，为了让洗发水里面的去屑成分更好地发挥作用，可以让洗发水在头皮上停留五分钟左右，并用指腹轻轻按摩头皮，增加头部的血液循环，这样做才可以减少头皮屑的形成。

5.如果时间充足可以多用梳子梳梳头。最好早晚各梳一百下，增进头皮的血液循环，这对减少头皮屑的产生很有帮助的！

6.合理安排学习时间，多参加体育锻炼，养成良好的生活习惯，保证充足的睡眠。最重要的是要保持心情愉悦，心情好、烦恼少，头皮屑也会远离你呢！

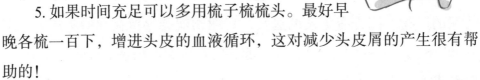

 # 掉头发怎么办？

留言板：

　　"小姐姐，我的头发比较长，最近洗头发的时候，总是会掉头发，我真担心自己会变成'秃头'！"

——长发公主盈盈　13岁

@ 长发公主盈盈

亲爱的，你先不要担心，我们的头发也是有新陈代谢的。另外用脑过度，精神过于紧张，受到刺激，学习压力过大，缺乏营养，也会掉头发的。

让我们来帮你测验一下头发是否健康吧！拿出一把梳子，向后梳3次头发，看看梳子上会留下多少根头发。如果不超过100根就是正常的，不用再担心。如果超过100根，最好去医院看看，让医生帮你查找一下原因。

只要平时多注意一下，掉发其实是可以预防的，下面我来教教你。

1.注意头发卫生。要勤清理头发，尽量少烫发、染发或使用吹风机。可以在经常掉头发的地方用生姜擦一擦，帮助促进头发生长。

2.注意营养的摄取。均衡饮食，从食物中摄取所需的营养物质，来促进头发的生长，增加头发的光泽度和韧性。可以多吃些硬壳类食物和黑芝麻！一定不要吸烟喝酒！

3.保持愉快的心情和良好的情绪也是预防脱发的好方法哟！

4.注意科学地用脑，保证充足的睡眠。

我再来教你一个护发的小绝招：伸出双手，并将五指尽量张开呈爪状，在整个头部用指腹轻轻按压按摩3分钟左右，接着头部向前倾7～8秒，慢慢抬起，休息一下后再做一次效果会更好呢！

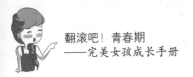

女孩的健忘症

留言板：

"马上就要考试了，最近发现自己的记忆力特别差，出门总是会忘记东西，昨天晚上背的单词，今早醒来都忘记了，我这是怎么了？是不是得了健忘症呢？"

——遗忘角落 16 岁

@ 遗忘角落

先不用担心哟！健忘症是指大脑的思考能力出现了暂时性的障碍，医学上把它称为暂时性记忆障碍。

女孩在二十岁左右时记忆力最佳，之后脑的机能就会慢慢衰退，二十五岁左右记忆力正式开始下降，随着年龄的增大而降低，所以中老年人更容易患上健忘症，当然也不是说年轻人不会得健忘症。亲爱的，你多半是因为要考试，压力太大了，才会出现这种健忘情况的。

单纯的健忘其实是可以预防的，来看一下。

第一，要经常用脑，多进行脑力活动。勤奋学习可以使记忆力保持良好的状态；对新事物保持浓厚的兴趣，敢于挑战，例如学一种新语言，一件新乐器，都能很好地锻炼脑力；有意识地记一些东西，如喜欢的诗词、歌词等；记日记对记忆力的增强也很有帮助哟！

第二，养成良好的生活习惯。大脑中存在着管理时间的神经中枢，就是我们常说的生物钟。学习、运动以及饮食要保持良好的规律，以免造成生物钟紊乱。特别要注意睡眠的时间和质量，睡眠时，脑细胞处于抑制状态，可以很好地补充平时消耗的能量。

第三，必要的体育锻炼。体育锻炼可以调节和改善大脑的兴奋与抑制过程，从而促进脑细胞的代谢，令大脑功能得到充分发挥。

第四，要注意饮食。一定要少吃甜的或咸的食品，它们可是造成记忆力低下的元凶，要多吃一些富含维生素、矿物质、纤维质的蔬菜和水果，它们有助于记忆力的提高。

黄色的头发

留言板：

"小姨把头发漂染成了黄色，好漂亮啊，真的显得她好白啊，我也想把头发染成黄色呢，可是妈妈不同意，学校也不允许！"

——骑白马的小贝　13岁

@骑白马的小贝

虽然小姨染完头发是很漂亮，但是小贝要知道，染发对身体健康可是很不利的哟！

危害一：会改变你的发质，让你的头发再也不像以前那么"健康"。染发会使头发中的水分失衡、大量蛋白质变性或减少，还会引起头皮和毛囊的炎症产生，时间长了还会引起毛囊萎缩，从而使头发干枯、变脆、分叉、脱落，失去自然的柔软、韧性和光泽的美感。

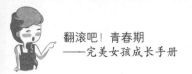
危害二：过敏。有很多人在染发时，头发的四周、耳边等部位会出现疼痛、发红等过敏的现象，严重的还会出现头晕、恶心等症状。

危害三：对肝、肾功能造成损害。染发剂是由成分复杂的化学制剂做成的，含有醋酸铅、硝酸银或者是含有苯、萘、酚类等，这样的染发剂会对肝、肾功能造成一定的损伤！

危害四：致癌。不好的染发剂还会散发出一种难闻的气味，这种味道很难散去，长时间地吸入还会致癌。

现在的小贝还处在身体发育阶段，染发对你身体的损害可能会更大哟！不仅小贝自己不要染发，还要把染发的危害告诉小姨，让小姨也尽量不要染发哟！

化个漂亮的妆

留言板：

"今天我和妈妈上街的时候，看到有一个和我差不多大的孩子在美甲，还化了好漂亮的妆啊。我和妈妈说她的指甲好漂亮，打扮好时尚，妈妈却说她一点也不漂亮。可是我很喜欢，我也好想像她一样呀！"

——时尚宝贝 15岁

@时尚宝贝

亲爱的宝贝，"清水出芙蓉，天然去雕饰"，妈妈说得对呀，你现在就像是春天的花蕾，娇艳而含蓄。

你现在的皮肤还很娇嫩，而市场上的化妆品大都是由化学物质合成的，很容易破坏皮肤的保护层。另外使用化妆品还容易使你的皮脂腺堵塞，影响正常的代谢物质排泄，这可是会长出小痘痘的哟！

纯植物

化学品

如果要参加演出必须化妆，一定要在家长或老师的指导下使用化妆品，尽量选择纯植物化妆品，把对皮肤的伤害降到最低。演出结束后要尽快把妆卸掉，好让你的皮肤呼吸到新鲜的空气。

传染

美甲的时候一般都要用到指甲油，指甲油是化学品，会对指甲表层造成伤害，还会影响指甲透气，它会让你的指甲表层变得粗糙不平。美甲的工具通常是好多人共用，如果消毒不好，很容易会传染上手癣、灰指甲、甲沟炎、肝炎等疾病，宝贝，健康才是最重要的哟！

高跟鞋的大麻烦

留言板：

"周日要参加演出，我还是这次学校演出的主持人呢，爸爸送给我的新裙子一定能让我成为焦点，如果再配上一双高跟鞋就更好了，可是妈妈不肯买给我！"

——甜甜女孩婧婧 16岁

@ 甜甜女孩婧婧

妈妈做得对哟，你还没到穿高跟鞋的年龄呀！

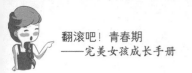
高跟鞋是很漂亮，而且还会让女孩显得高挑挺拔、婀娜多姿，但是它可能给女孩带来的问题和麻烦也很多，例如：使脚部酸痛、扭伤、摔伤、还容易诱发拇外翻、拇指囊炎、腰肌劳损、腰背肌筋膜炎。对于还在长身体的青春期女孩，危害还远远不止这些。

婧婧要知道，你现在的骨骼还没有完全发育好，这时候穿高跟鞋会让你的骨盆和足部发生变形。

你在穿高跟鞋时，全身的重量都会落在脚掌上，会加重骨盆的负荷，引起骨盆口狭窄。长期穿高跟鞋，还容易造成足弓抬高、加大，走路时足尖被迫挤压向前方，致使与跖神经伴行的血管管壁增厚，形成局部血栓，引起足跖神经缺血、变形，会很痛的哟，严重的还会影响到日常活动。

了解了这么多以后，为了自己健康，还是不要穿高跟鞋啦！

不要轻易尝试减肥

留言板：

"小柔胖了许多，最近她都不吃午餐，看着她饿着肚子好可怜啊，真希望她能减肥成功。"

——倔强木木 14岁

@倔强木木

木木真是一个懂得关心同学的好孩子啊！那我们一起来帮帮她吧！

我们来告诉小柔停止节食减肥吧，这样做会严重影响到她身体的发育。

节食会让她身体所需的热量供应不足，青春期是女孩们身体代谢旺盛的时期，对营养的需要也比以前多很多，如果身体蛋白质摄入不足，会使她的生长发育迟缓，消瘦，抵抗力下降，智力发育还可能受到影响呢！维生素、微量元素和各种无机盐摄入不足，会影响骨骼发育并引起各种疾病。

经过姐姐的分析，是不是不难发现，节食减肥的后果很严重啊！

女孩必要的体育锻炼

留言板：

"我最不爱上体育课了，也不喜欢锻炼身体，我又不是很胖，不需要减肥，所以每个周末都可以在家里睡懒觉，真是好哟！"

——寻找快乐的美美　11岁

@寻找快乐的美美

哈哈，美美还真是一个小懒虫呢！不过体育锻炼不仅是为了减肥，这对你身体的发育和健康都有很多好处的。

第一，体育锻炼能调节你的内分泌，促进身体的新陈代谢，能让你的身体发育得更好。

第二，体育锻炼能促进你呼吸系统的发育，能让你的呼吸肌发达，胸围扩大，呼吸深度、肺通气量和肺活量等增强，这样细菌就会绕行啦。

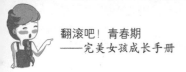
第三，体育锻炼还可以促进心血管系统发育，运动时心脏工作负荷加大，心率增加，血流量增大，使心肌获得充足的营养，这样全身的血液循环都能得到改善哟！

第四，体育锻炼对运动神经的发育有很强的促进作用。运动时，你身体血液循环会加速，这能让你的骨组织获得丰富的血液供应，得到更多的营养，你的个子就会长得更快了。

体操能让你紧张的肌肉得到舒展；跑步可以增强内脏器官的功能；游泳可以对上下肢肌肉群的发育起积极的作用……

看看吧，体育锻炼有这么多好处，美美快快行动起来吧！运动前一定做好准备活动，运动和休息交替进行，这样才是科学合理的哟！

抠鼻子的坏习惯

留言板：

"前一阵儿鼻子总有些痒痒，总是想抠鼻子，最近发现鼻孔有些大了，不会是因为抠鼻子让鼻孔变大了吧！"

——"大鼻子"彤彤 11岁

@"大鼻子"彤彤

当然是啦，一定是你最近经常抠鼻子把鼻孔抠大了呀！

彤彤要知道抠鼻子可是非常不雅而且很不卫生的坏习惯。经常抠鼻子不仅会让鼻孔变大，还会引起慢性鼻炎和呼吸道感染，像慢性咽炎、鼻窦炎，不小心细菌还可能会感染到肺呢。手指甲还可能会伤害鼻腔，这样鼻腔抵抗细菌的能力就会降低，让鼻屎变得更多，还可能会造成感染。

培养兴趣

我们鼻腔内有一层很薄的黏膜，下面有着非常丰富的毛细血管，如果经常抠鼻子，就会使毛细血管受到损伤产生流血现象。

保持空气湿度

改掉坏习惯的方法：

培养兴趣爱好，转移注意力，做一些自己喜欢做的事，如做一些手工品，让自己的双手动起来吧。

生理盐水清洗

家里的空气要保持潮湿，这样鼻子就不容易发痒啦！鼻子发痒或是发干，忍不住想抠鼻子的时候，那就用生理盐水清洗鼻腔，这样既止痒又安全。

耳朵里的怪声音

留言板：

"上周末和爸爸去游泳，回来就感冒了，前几天只是头痛、发烧、咳嗽，可是今天耳朵里不知是怎么了，总是听到一阵阵的交响乐，唉，原来是不幸得了中耳炎！"

——聪明的芳芳　12 岁

@ 聪明的芳芳

宝贝，你应该是感冒引起呼吸道感染，所以才引发中耳炎的！严重的可能还会使你听力减退，产生轻微的疼痛呢，所以一定要积极配

合医生治疗啊！

姐姐告诉你一些预防中耳炎的方法，可要多多注意哟！

抠取耳屎时，一定要小心，千万不可以用坚硬的东西挖耳朵，否则不小心就会碰伤外耳道或鼓膜。最好是用医用酒精的棉签，放在耳道里来擦，其实不必经常清除耳屎的，它能让良性菌栖身，对耳道还有防潮的作用呢！

游泳、洗澡或洗头之后，如果被水湿到耳朵，应该及时用棉签去除掉耳朵里的水。

在得了中耳炎之后，要少吃辛辣食物，多吃新鲜的蔬菜和水果。

牙齿牙刷对抗战

留言板：

"妈妈每天都会督促我刷牙，对我说：左面、右面、上面、下面，可是刷牙多麻烦啊，漱口不就行了！"

——落日下的小牙刷　12岁

@ 落日下的小牙刷

小牙刷的想法不对啦，平时漱口有利于你的口腔卫生。但是刷牙能更有效地保护你的牙齿，所以一定要重视这件事啊！刷牙能清除你牙齿和牙周组织的菌斑和软垢，能防止龋齿和牙周病，不过要记得用正确的方法来刷牙才行啊！

第一，刷牙的水不要太凉也不要太热，牙齿适宜在30℃～36℃水温下进行正常的新陈代谢。至于刷牙的次数及时间，记住早晚必须刷牙，临睡前刷牙尤其重要。每次刷牙时间应不少于 3 分钟。

第二，推荐女孩子们使用"巴氏刷牙法"

1. 拇指前伸比"赞"的手势。

2. 将牙刷对准牙齿与牙龈交接的地方。刷上排牙齿时刷毛朝上，刷下排牙齿时刷毛朝下，盖住一点牙龈。

3. 刷毛与牙齿呈 45 ～ 60 度角，将刷毛向牙齿轻压，使刷毛略呈圆弧，刷毛的侧边要与牙齿更多的接触，但不要用力过大使刷毛分岔。

4. 牙刷定位后，开始作短距离的水平运动，两颗、三颗牙前后来回约刷十次。

5. 刷牙时张大嘴，看到上排右边最后一颗牙。然后由右后方脸颊侧开始，刷到左边；然后左边咬合面、左边舌侧再回到右边舌侧，然后右边咬合。这样刷不会有遗漏，来记住这个口诀：右边开始，右边结束。

6. 刷咬合面时，也是两颗、两颗牙来回地刷。

7. 上颚后牙的舌侧不容易刷到，刷毛还是对准牙齿与牙龈的交接处，刷柄要贴近大门牙。刷右边舌侧时刷柄自然会朝向左边，可以用左手刷右边的后牙舌侧，这样也就会顺手多了。

8. 刷后牙的颊侧可以选择同侧手，刷右边颊侧用右手，左边颊侧用左手，刷柄可以将脸颊撑开，方便看到刷的位置。

9. 刷完上面的牙齿，再用同样的原则与方法，刷下面的牙齿。

第三，每次刷牙后要用清水把牙刷清洗干净并甩干，把刷头朝上放进杯子里。每隔 1 ～ 3 个月要换新的牙刷，记得要选择质量好的牙刷，这样才不会伤害到你漂亮的牙齿哟！还有牙刷是个人专用的，千万不要和其他人共用呀！

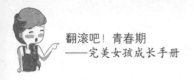

护垫不能每天用

留言板：

　　"小姐姐，我觉得用护垫很方便，可以防止内裤有湿湿的感觉，所以每天都在用，这几天感觉阴部痒痒的，我总觉得是护垫引起的。"

——细雨中的小花伞　14岁

@ 细雨中的小花伞

　　护垫不是不好，只是要在合适的时间用。在我们来月经前后量少的日子用还是很方便的，但是要记得及时更换哦！

　　每天用护垫可是万万不行的，大部分护垫的底部都有一层塑料，透气性差，很容易造成阴部潮湿、出汗，这样也是很容易滋生病菌的。还有些护垫表面不是棉质的，长期使用还可能会引起皮肤过敏。

　　如果不及时更换卫生护垫，会使局部湿度和温度都大大增加，这样不仅给细菌和真菌的生长创造了适宜的条件，而且破坏了阴道的酸碱度，严重的还会造成阴道炎。尤其是在夏季，身体容易出汗，如果没有必要，尽量不要使用护垫。

女孩儿抽屉里的避孕药

留言板：

　　"我最近一直在为脸上的小痘痘所烦恼，试了很多办法，用了很多去痘的化妆用品，可是痘痘还是不听话。班级里的一个女同学跟我的情况差不多，这几天我发现她的皮肤变得光滑了许多，一颗痘痘都没有了，你猜，她是怎么去掉痘痘的？原来她是吃了避孕药，真是太不可思议了！"

——家有"果果" 15岁

@家有"果果"

痘痘可能是青春期女孩最苦恼的问题了，正如果果的同学一样，有不少女孩会采取吃避孕药这种极端的方式来对抗脸上的痘痘。

有些青春痘是因为体内激素失衡造成的，避孕药中的雌激素和孕激素，能抑制人体中促性腺激素的分泌，还能调节人体激素水平，这样就会控制青春痘的产生，不过停药后痘痘可能会再长出来。要提醒果果的是，吃避孕药的副作用非常大，所以千万不要学其他女孩吃避孕药来控制痘痘呀！

如果痘痘特别严重，就要去医院看皮肤科，让医生来帮助你解决吧！

经期怎样清洗阴部

留言板：

"这两天'好朋友'来了，让我觉得阴部痒痒的，还有气味，我想要清洗一下，不知道这会不会影响到健康，又不好意思去问妈妈！"

——傻丫头 16岁

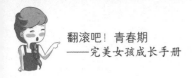
@ 傻丫头

有问题就要问妈妈才对哟！月经期你的身体抵抗力处于比较差的状态，这时候很容易引起阴部感染，清洗是可以的，但是一定要注意一些事情。

可以每天用清水清洗一次外阴，最好是用淋浴来洗，如果用盆来洗，使用前要用热水消毒，毛巾使用前后也要用开水煮进行消毒，清洗之后最好放到阳光下暴晒。

清洗阴部前要先洗净双手，从前向后来清洗外阴，再洗大、小阴唇，最后洗肛门部位，经期时不要对阴道内部进行清洗，这样不小心会让细菌有机可乘。

找到适合自己的文胸

留言板：

"今天我和妈妈去商场选文胸，试穿的时候，我好难为情，这是我第一次戴文胸，真的好别扭，好麻烦啊！"

——单眼皮乐乐　14岁

@ 单眼皮乐乐

乐乐不要嫌麻烦哟，到了你这个年龄，戴文胸更有利于乳房的发育和定型，在运动的时候它还能起到保护乳房的作用，如果不及时戴文胸，乳房就会松弛，如果影响到乳腺的正常血液循环，还有可能会引起乳房疾病呢。

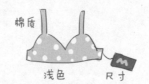

棉质

浅色　　尺寸

运动型内衣也不错

乐乐要选择棉质的文胸，这样的文胸透气而且对皮肤不会产生刺激。浅颜色的文胸会比较适合你，感觉清爽而且夏天穿衣服又不会透。

选文胸时最好试穿，要选穿着舒服的号码，不要太紧也不可以太松，尽量不去选择厚厚的有钢圈的文胸，它会影响到你的乳房发育。

你可以选择棉质的背心式文胸，它不会让乳头凸显，能帮你避免一些不必要的尴尬，而且运动时也不必担心肩带脱落。

乐乐开始戴文胸了，这也是你更加成熟的表现，姐姐还想提醒你，睡前记得要把文胸取下来，避免影响到呼吸和血液流通哦！

脚气和阴道炎

留言板：

"我们班一个得了脚气的女生不小心感染了阴道炎，这件事我还是头一次听说，实在是太奇怪了！"

——小马跳跳　15岁

@ 小马跳跳

脚气引起的阴道炎，通常是指真菌性阴道炎，典型症状是外阴瘙痒、灼痛，分泌物呈豆腐渣状，所以自己或是家里有人得了脚气，一定要做好预防工作哦！

来学习一下日常远离阴道炎的几个好习惯吧！

1. 注意个人卫生：袜子不要和内衣放在一起清洗；勤洗澡，尽量不洗盆浴；内衣要单独存放，每天换洗内裤；新内裤或长久不穿的内裤，穿之前要清洗晾晒；内裤要穿透气好、吸湿性强的棉质内裤。

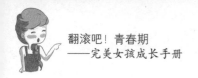

2. 养成便前洗手的好习惯：我们的双手可能会带有大量病原微生物，它们容易在我们上卫生间时侵入尿道引起感染，所以养成良好的卫生习惯很重要。

3. 保持良好的作息习惯：每天要保证充足的睡眠，不可以熬夜，以提高身体免疫力。

4. 选择优质的卫生巾：购买卫生巾要注意产品质量，不宜久存，以免滋生细菌，引发外阴和阴道感染。当出现外阴瘙痒、白带增多的情况要及早去看医生。

完美女生远离"烟和酒"

留言板：

　　"前几天好朋友过生日，我们去她家庆生，大家玩得很开心，有些男生还吸烟、喝酒，有几个女生也一样。妈妈说过，女孩子吸烟喝酒对健康影响很大，所以我没有参与，他们居然叫我胆小鬼。"

——乖宝宝炎炎　16岁

@ 乖宝宝炎炎

　　乖宝宝，你做得很对，千万不要学她们哟，吸烟喝酒对身体健康可是有很大危害的！

　　烟和酒对女孩来说都是很危险的，就像毒品一样危险，它们对女孩子的影响要比男孩子大很多。

让我们先来看看喝酒对青春期女孩来说，都有哪些危害吧！

第一，女孩喝酒太早很容易对酒精产生依赖。

第二，青春发育期如果大量饮酒，很可能会导致月经不调、内分泌失调、痛经或习惯性经期头痛等不适。

第三，饮酒对神经系统也是有影响的，它会加速脑部老化过程、损伤智力，从而影响到学习。

第四，酒精会使脂肪堆积在肝脏引起脂肪肝，还会引起胃出血甚至危及生命。另外，酒精的代谢主要在肝脏进行，长期或大量的饮酒会造成肝脏损伤。

吸烟的危害要比喝酒的危害大得多呢！女孩子吸烟会导致月经紊乱、面色变黑、皮肤衰老、失去弹性和光泽，从而过早地失去青春期的美丽容颜。青春期女孩吸烟会影响大脑发育和听力，使你无法集中注意力去学习。更可怕的是，长大后还容易患上不孕症。另外吸烟还会增加患中风、肺癌、乳腺癌、宫颈癌和卵巢癌的概率，所以乖宝宝一定要爱惜自己的健康。

厌食带来的麻烦

留言板：

"学校食堂的饭菜好难吃，还是比较喜欢在家里吃妈妈做的菜，可是最近不知道为什么，妈妈做的菜我也不爱吃了，妈妈怀疑我得了厌食症，担心这会影响我的正常发育。"

——艳儿格格　12岁

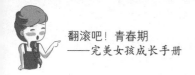
@ 艳儿格格

亲爱的格格不要着急，你不一定是得了厌食症，不爱吃饭的原因有很多呢！

第一，身体不舒服呀，口腔疾病呀，缺锌呀，都会让你食欲不振。

第二，爱吃零食，用餐时间不规律，餐前喝水、牛奶、饮料过多也会让你吃不下饭哟。

第三，如果活动量不够，你吃下的食物就会消化得很慢，你的食欲也就会受到影响。格格最近是不是学习压力很大，或者是心情不好呢？这也会让你吃不下饭。

先找出你不爱吃饭的原因吧，及时改掉不爱吃饭的毛病，不然时间长了就真的患上厌食症啦！

以下是防止厌食小方法：

定时进餐；少吃零食、甜食；保证充足的睡眠；适当地做运动，定时排便；还可以找医生帮忙开一些健脾开胃的药物。

不小心受伤了

留言板：

"我是一个女生，可是妈妈总说我像个男孩子似的淘气，就在前两天滑轮滑的时候不小心摔倒又受伤了，手臂一直在流血，幸好一起玩的朋友及时用手绢扎在我的手臂上，止了血。真担心会再次出现这种状况，真希望自己会一些这方面的急救知识。"

——蓝精灵　15岁

@蓝精灵

　　亲爱的，你有学习急救知识的想法，姐姐给你点赞，可以让家长带你参加当地红十字会组织的急救讲座进行学习与训练。现在来教你一个简单实用的急救小知识，用于日常生活中小伤口的临时急救哦，如果出血较多，也避免自行处理的伤口感染，一定要及时到医院进行专业处理才行呀！

　　1.如果想要自己处理小伤口，家里要常备以下所需用品：消毒液（如酒精、碘伏等）、生理盐水、医用棉球、纱布、创口贴等。

　　2.清洗双手：在处理伤口之前，用肥皂和温水彻底洗手，以去除手上的细菌。

　　3.清洗伤口：使用生理盐水清洗伤口，去除伤口上的污垢和细菌，如果没有消毒液和生理盐水，可以用流动的水来清洗。

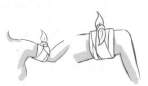

　　4.包扎：清洗干净轻轻涂抹伤口处，避免过度用力，以免刺激伤口。最后用纱布包扎好，如果是小伤口可以用创口贴贴好。

　　5.创口贴最好每6小时更换一次，纱布一般隔天更换一次。

旅行之前的准备

留言板：

　　"前几天我和姨妈、表姐一起去了云南，那里风景真好，去之前我兴奋了好几天呢！这次旅行真的很愉快，不过也有一些小麻烦，我

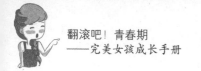
带了好多的东西都用不到，害得我要背着它们到处走，好累啊！"

——小游仙秋水　16岁

@ 小游仙秋水

出去旅行有一些必备物品，把它们带齐全就好啦，来看看小姐姐给你们制订的旅行准备计划吧！

准备计划一：一定要先做好"攻略"，利用网络资源先来熟悉一下所要去的旅游景区的情况，例如：地理环境、近期天气情况、景点等级以及游览线路等。做好了这个"攻略"，会让你的旅行更加顺畅、尽兴哟！

准备计划二：带上手机、充电器，充电宝，别忘了给手机和充电宝充好电哟！在旅途中把一些好的景色拍下来，回来再配上一篇游记肯定是不错的。

准备计划三：根据旅游目的地的天气情况，带些换洗的衣服，记得要穿运动鞋或是布鞋，爱美的秋水一定不会穿着高跟皮鞋去旅行吧，如果不小心扭到脚可就惨啦！

还要准备雨伞、小手电筒、防晒霜、纸巾、洗漱用品，最好再带一些洗好的水果，这样吃起来既干净卫生，又能随时补充维生素。如果觉得乘车无聊，还可以带上一本喜欢的书，打发路上的无聊时间喽！

准备计划四：感冒药、外伤药、创可贴、夏季时的防暑药都是必不可少的。如果担心会晕车、晕船，还要带防晕药啦！出发前一天晚上睡眠要充足，出发当天吃适量的食物，这样都可以防止晕车呢！

心灵篇

女孩心思猜！猜！猜！

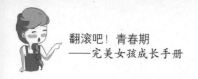
第一季 坏情绪长大了

不想见人，不想说话

留言板：

"我也不知道自己是怎么了，就是不想见人，也不想说话，尤其是爸爸妈妈。有时就想一个人静静地待着，心情总是会很烦躁。"

——想冬眠的虫虫 14岁

@ 想冬眠的虫虫

虫虫不用太担心哟，女孩子在进入青春期后，出现不想见人，不想讲话这类的现象并不奇怪，这是因为你开始有了心理闭锁性。

青春期是女孩生命里程中的一个极为特殊的阶段，现在的你生理发育十分迅速，在短短的几年就要完成身体各方面的生长发育任务，并逐渐达到成熟的水平。但心理的发展速度相对就显得特别缓慢，心理水平还处在从幼稚走向成熟的过渡时期，这个时期的你身心处在一种非平衡状态，同时会伴随着一些心理发展上的问题出现。

当你开始慢慢地将自己的内心封闭起来，不想和外界交流的时候，说明你此时的心理活动比以前丰富了许多，但是对外界不要产生不信任和不满意，这样可是会增加心理闭锁性程度的。

现在的你已经获取了丰富的知识和经验，可以独立处理一些自己从前无法应对的问题。因为你开始减少向爸爸妈妈提问的次数，遇事开始自己研究，而且有时还会觉得爸爸妈妈做事小题大做。你可能会觉得自己很累、很迷茫，不想见人，不想说话，可是你又感到非常孤独和寂寞，希望能有人来关心和理解你。不用着急，慢慢地，你会发现，自己的心扉并不是对所有人都关闭，有些话不想跟爸爸妈妈说，就去找自己信得过的朋友一吐为快吧！

快考试了，坏情绪开始作怪

留言板：

"天呐！眼看就要期末考试了，一想到考试我就特别紧张，不想复习，心情也越来越烦躁，总是想发脾气，甚至还盼着自己能得一场大病，这样就不用参加考试了。"

——晨曦　15岁

@ 晨曦

亲爱的，我们先来揭晓一下考前综合征的庐山真面目吧！

考前综合征，通常会让你们心神不定，精神极度焦虑，紧张烦躁，记忆力下降，还会思维迟钝呢。有些女孩可能还会产生一些生理反应，

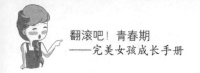
如发烧、头晕、头痛、心跳加快、出虚汗、浑身乏力等。

考试来临，让你的压力增加，很多平时不被注意的小问题，这时也会被无限放大。其实，考前适当的紧张有利于刺激大脑，使思维处于一定的活跃状态，这个时候好好复习，还能考个好成绩呢。如果你过度的紧张，就需要做一些适当的调节了！

以平常心对待考试，不要给自己过高的心理压力，也不要给自己定太高的目标，将考试看成一次普通的小测试就好啦！

姐姐再来教你几种可以缓解坏情绪的小方法。

一、深呼吸。如果看书时觉得烦躁，就眼睛微闭，全身放松，深呼吸，同时心想：放松、放松。这样就可以使血液循环减慢，心绪平稳，会有一种轻松感。

二、闭目养神。累的时候，休息一下。全身放松，闭目，想象自己漫步在最喜欢的地方，如幽静的森林，呼吸着新鲜的空气，面朝着大海，倾听着海浪的歌声。

三、听听喜欢的音乐，去户外活动一下，做自己喜欢的运动，回来再投入学习，也不错呢！

记得要正确地看待考试，把它当成查漏补缺的方式，找到自己不能进步的原因，然后努力地改正它们，这些会为你以后的学习打下更好的基础。

妈妈别说了，我不想听！

留言板：

"妈妈最近总是唠唠叨叨的，还总是冲我发火，我都要烦死了。有一天终于忍不住向她大喊，告诉她别说了，我不想听！"

——调皮的丹丹 12岁

@ 调皮的丹丹

丹丹应该知道妈妈是因为爱你才会唠叨你的哟，你看妈妈怎么不会向其他人唠叨、发火呢？她想关心你，想让你明白她说的都是为你好，只是她采用的方法让你觉得不适应。

你要知道妈妈是世界上最关心你、最爱你的人哟！当你遇到困难时，妈妈会是你最坚实的后盾，为你遮风挡雨，所以你应该尊重她、理解她哦！

妈妈说的话正确的你要听，如果你觉得你有自己的理由，可以和妈妈去沟通，告诉她，你已经是一个大孩子了，有些事可以自己做决定了，请她放心吧！

每个妈妈都希望自己的女儿可以按照自己的意愿健康地成长。也许在这过程中，妈妈可能没有来得及倾听你的心声，只是一味地灌输、强调自己的观点和要求，但是她有着丰富的人生阅历和对事物独特的分析能力、解决能力，你要把她当成

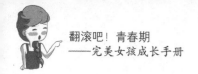
是你最信赖的人，所以当你有任何困难需要帮助的时候，请第一时间找妈妈来帮忙，你可以把这种"唠叨"看作是一种家庭的幸福，一种"爱"的表现，这样你就会觉得豁然开朗了。

"为什么你总是唱反调！"

留言板：

　　"我想跟铭铭做朋友，妈妈说不准；周末我要和朋友们去公园玩，妈妈还是说不准。我现在不想和妈妈说话，真是不明白为什么，妈妈总是跟我唱反调！"

——自由的糖果　15岁

@ 自由的糖果

　　亲爱的糖果，不跟妈妈说话，可不是一个明智的选择哟，这样是解决不了问题的，还会使你们越来越不了解对方真实的想法。

　　先来找出妈妈反对你的原因吧，这样才能更好地解决问题。每次妈妈对你的决定表现出否定的态度时，你有没有问清原因呢？

　　妈妈不同意你的观点，一定有她的理由，这些理由也都是为你的健康成长着想。如果你不想和妈妈说话，你可以给妈妈写信，或是留字条，告诉妈妈你的真实想法，也请妈妈把她的真实想法告诉吧！

　　下次在做决定之前，先来征求一下妈妈的意见，也向她说说你要做这件事情的理由吧，相信这样妈妈就不会和你唱反调啦！

老师凭什么夸奖他？

留言板：

　　"中午我和同桌一起主动为班级打扫卫生，可是下午班会的时候，老师却只夸奖了他，我觉得很不公平，老师凭什么只夸奖他啊？"

——淡紫色的梦　12岁

@ 淡紫色的梦

　　梦宝，记得哦，遇到这样的事千万不要钻牛角尖，要用积极的心态来面对"不公平"待遇。更加不要因为没有得到老师的夸奖，就放弃自己的好习惯，当你发自内心地为同学服务，并没有超过让老师来夸奖吧？如果你因为没有得到夸奖而不开心，不就失去了做好事的意义了？

　　收拾好不愉快的心情，想想刚才和同桌一起劳动的时候，你们是多么开心啊！其实这并不是不公平的待遇，你现在需要调整好心态，不要被虚荣心左右了你的思想。

　　在学习或生活中我们也一定会遇到这样或那样不公平的事，例如：别人做了错事，却让你来承担责任。那么在面对这样的不公平时，你就需要勇敢地讲出真相了！

 ## 厌倦了学习，我想逃课！

留言板：

"'噢，我怎么才考这么点分啊？'这就是我刚拿到考试成绩的第一反应。虽然过去有一段时间了，但我还是不能从那次考试的阴影中走出来，整个假期我都闷在家里，朋友约我也不想出去。开学了，我觉得学习好累，有时也想进步给老师、爸妈和朋友们看看，可是有心无力，现在的我已经厌倦了学习，总想着要逃课。"

——七色彩彩　15岁

@ 七色彩彩

亲爱的，这点挫折算得了什么呢？一两次考试的失败，不能说明你的人生就是失败的，可是如果现在的你像是泄了气的皮球一样，只会落在地上一动不能动了。现在解决问题的唯一办法，就是给自己打满气，让你自己再弹起来。

首先你要知道学习并不是为了取悦别人，而是为了将来更好地走向社会。与其荒废时间，不如在哪里跌倒，就在哪里爬起来。虽然这次考试失败了，不是还有下次，下下次吗？不必为了偶尔一次没有考好而伤心自卑、自暴自弃，只要你努力，成功离你就不会太远。

你需要制定明确的学习目标，相信自己不会比别人差。考试成绩有波动时，要及时找到原因，发现自己的问题所在，争取通过自己的努力，下次考出好的成绩。

平时对待学习的态度，要认真、负责。做到当天的学习内容及时掌握，这样你就能随时应考啦！要经常总结各科课程的学习方法，找到适合自己的学习方式，这样你的学习成绩就能慢慢地提升了。

学不好也可能是方法不正确，如果你学习上有障碍，应该及时向同学、老师求助，积极调整自己的学习方法和态度，改变自己被动学习的状态。平时多向老师请教，让老师知道你很信任她，老师也会更加乐于帮助你，这样也能提高你的学习兴趣。

学习生活应该丰富多彩，松弛有度，日常要让身体和精神保持良好的状态，这可是学习效率得到保证的必要条件哟！

谁能理解我？

留言板：

"不知道为什么，我总以为朋友和爸妈能懂得我的想法，可是有时候他们令我好失望啊，谁能理解我呢？"

——柠檬草的味道　15岁

@ 柠檬草的味道

亲爱的柠檬草，是真的没有人肯理解你，还是你不肯对身边的人敞开心扉呢？

现在改变自己，让自己赶快从坏情绪里走出来吧！

第一步，要从自身找到原因，要想让朋友和爸爸妈妈了解你，你就要多跟沟通，真诚地对待身边的人。要记住，让别人了解你是需要时间的，所以不能太着急哟！

第二步，培养你的兴趣爱好。做自己最喜欢的事，这样能让你找到成就感，也能让你认识更多志趣相投的朋友，相信你们会有许多话题可谈！

同时要多参加体育运动。例如：跑步呀，跳绳呀，散步呀，等等。运动不仅可以加强新陈代谢，增强体质，还可以排除反面的心理情绪，产生积极的心理感受，这样你的心情就会一直在阳光下喽！

第三步，要肯定自己。每天睡前，可以表扬一下自己这一天的成绩和进步，不要去想那些消极的东西。也可以把好的体验和新的成绩记在日记本上，这样会让你越来越自信哟！

以后再有什么不开心的事情就发 E-mail 给姐姐吧，有什么不想对爸妈和朋友们说的，可以告诉姐姐，姐姐一定会认真倾听，帮你找到解决问题的方法的。

白天睡不够，晚上睡不着

留言板：

"最近晚上总也睡不着，白天又特别想睡觉，难道是我的生物钟紊乱了？"

——小花猫儿　15岁

@ 小花猫儿

宝贝不要着急，好多青春期女孩都有这样的情况。假如是一两个晚上睡不着，可不算是失眠哟！如果你经常晚上睡不着，早早就醒，白天无精打采，注意力不集中，这就可能是失眠了。

先来一起找到你失眠的原因吧！

第一，可能是你平时学习用脑过度，没有注意劳逸结合而导致失眠。

第二，可能是你最近的情绪不好，生气烦躁、过于兴奋、学习压力大而导致的失眠。

如果是上面这些原因引起的失眠，你平时只要避免紧张，平心静气，学习劳逸结合，就会慢慢好起来。按照下面说的来做吧！

生活规律对你的健康很重要，所以要想有充沛的精力应对学习，就必须生活规律，尽量不要熬夜，这样会打乱你的生物钟，破坏了睡眠规律，从而出现失眠的现象。可以尝试每天睡前喝一杯牛奶，牛奶有提高睡眠质量的功效哟！

睡前不要看过于激烈的电影、小说，要让精神保持放松状态，这样更有利于尽快入睡。在学习和生活中，不要给自己太大的压力，要保持良好的心态。

每天晚上可适当运动，如散步、慢跑等，这样有利于精神放松，更容易入睡。

晚餐比平时少吃一点，不要吃过于油腻和刺激性强的食物。睡前用温水洗澡或者泡脚，这样可以促进血液循环，有助于提高睡眠质量。

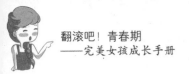

我会不会永远都是丑小鸭？

留言板：

"我现在的学习一般般，长得也不漂亮，我父母是工薪阶层，我没有漂亮衣服可穿，同学们穿的都是名牌，我就像是班级里的丑小鸭，永远都没有可能变成白天鹅！"

——梦幻泡泡糖　13 岁

@ 梦幻泡泡糖

亲爱的泡泡糖，这样想可不对哟！学习不好可以努力呀！现在的你还没有赚钱的能力，你的衣服只要干净整洁，适合你的年龄，再加上你的青春活力，那么你就是最美丽的！

像你这个年龄的女孩开始更多地注意自己的外表，希望得到别人赞美的眼光，这是很正常的，但也不要过分追求外在的美丽。如果你拥有美好心灵，你同样会光彩夺目，身边的人也都会喜欢你，并且愿意接近你。

千万不要以为自己没有名牌的衣服就是丑小鸭了哟，对于你来说，现在学习才是最重要的。努力学习，再加上自信和善良，那么你在大家的眼中就会是最漂亮的白天鹅！

自私指数上升 ing[1]

留言板：

"今天和好朋友吵架了，她说我不懂得为别人着想，做什么事情都觉得自己是对的，而且还要求朋友的想法要和自己一致，以前没有人说我自私，难道我的自私指数上升了，自己还不知道？"

——梦雨星辰 12岁

@ 梦雨星辰

小姐姐说呀，像你这个年龄的女孩，在家里都是小公主，爸爸妈妈什么事都依着你们的想法，全家人都围着你们转，这种优越感使女孩们或多或少都会有些自私的心理。

自私有轻微自私和严重自私。轻微自私就是一个人非常计较个人得失、做事时总是存有私心、不考虑公德。严重自私就会为了达到自己目的，诬陷别人，甚至会铤而走险。另外，吝啬、嫉妒、虚荣、报复、贪婪，其实也是自私的表现。

克服自私的小技巧：

第一，经常对自己的心态和行为进行自我反省，多听朋友的建议，这样可以随时发现自己存在的问题，并及时改正过来。

[1] ing，进行时。——编者

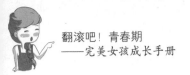
第二，学会与别人分享。周末的时候，请好朋友到家里来，把自己收藏的宝贝，拿出来跟好朋友们分享，这样做不但可以促进好朋友之间的友情，还有助于你结交更多的朋友。

第三，多做一些有益于别人的事，可以从让座、主动地去关心和帮助同学做起，多做一些有益于他人的事，这些都有助于你改善自私的心态。

现在想想你的朋友为什么会有这样的抱怨吧，多站在对方的角度来想问题，相信你的自私指数一定会归零的哟！当然，如果你并没有像上面所说的那个样子，那一定是朋友误会你了，去好好向她解释吧！

老师批评我了，我讨厌她

留言板：

"我是大家公认的好学生。前几天的数学课，老师有事要我们先上自习。我正在和同桌研究作业题时（说话的声音有点大），老师推开门看到我们在说话，也没问原因，就批评了我们，我讨厌她，现在特别讨厌上数学课。"

——小风铃儿 11 岁

@ 小风铃儿

亲爱的风铃儿，老师批评你，是希望你们能认真地上自习，老师对你们，就像是园丁在修剪一棵"不听话"的小果树一样，目的是想让这棵树可以结出更多的果实，在修剪的过程中，园丁也可能会剪错树枝，但你一定不要怪罪园丁。你不能苛刻地要求老师不犯错误，我们要对老师多一些宽容和理解，这样师生关系才会更加融洽。

要知道，正面和老师顶撞可是很不理智的哟！当众与老师顶撞，很可能会将小事变大，使矛盾激化，这样事情不但得不到很好的解决，反而变得更糟。

你在受到老师的批评后，要以不学她教的科目来"报复"，表面上像是你维护了自己小小的自尊心，可最后受到影响的还是你的成绩呀。不学习，会使你的功课一落千丈，这样的损失你要怎么挽回呢？

面对老师的批评和误解，不要耿耿于怀，你可以找机会心平气和地与老师谈谈，把误会解开，这样做可以加强师生之间的相互理解，和老师建立起亲密的关系，更有助于你的学习进步哦！

她们说我讨好英语老师，可是我没有

"我的英语成绩很好，老师也很喜欢我，虽然我不是英语课代表，但是上课时老师也总是先提问我，教师不在时让我帮她看管班级里的纪律。老师交给我的任务，我也不好拒绝，可同学们都说老师偏心，还说一定是我讨好她了，这不是不讲道理嘛！"

——亮晶晶　14岁

@ 亮晶晶

亲爱的亮晶晶，面对误会和冤枉时，保持冷静和沉默可能是最好的办法。先不要着急，更不要让不存在的事影响到你的学习生活。

别人对你的偏见给你的情绪造成了暂时的影响，你就当这是一次小小的考验好了，这些并不会改变你以后的成长轨迹的。

不过你也要自我反省一下，平时待人处世方面是不是恰当呢，有做得不好的地方应该立刻改正。如果你在对待同学的时候，一直以真诚、乐观、坦坦荡荡的态度，那么别人是不会因为一件小事而对你全盘否定的。

心里实在有委屈就找好朋友发发牢骚吧，也可以在好朋友那里得到支持的力量，好朋友可是不会错怪你的。千万不要把注意力集中在不存在的事上，能得到班上大部分同学认可就好，人无完人嘛，不必要求所有同学都认可自己，那会给自己太大压力的哟！

上课总是溜号

"最近上课总是溜号，我没办法控制自己，越是想着不要走神，越是没办法集中精神。我好着急啊，不知道自己该怎么办才好！"

——雅竹 12岁

@ 雅竹

有很多的女孩都被上课溜号的问题困扰过，这是因为青春期的女孩由于学习紧张，过于疲劳，而且身体正处在成长发育时期，所以上课就比较容易走神，月经期间这种现象可能会更加明显哟！

改正溜号小技巧：

第一，做好课前预习，明确每节课的学习任务。在预习的过程中你一定会发现一些不懂的问题，就把它标记下来，带着问题去听课，有针对性地学习，清除障碍。这样一来就能集中注意力，不会再在课堂上走神儿了。即使注意力有时涣散，也会及时引起警觉，把分散的注意力收拢回来。

第二，保持轻松的心态，别给自己太大压力。偶尔的上课溜号也算正常，45分钟都保持注意力集中不是件容易的事。不要强迫着自己马上改过来，这样会让你紧张和烦躁。

第三，坚持做好课堂笔记。这可是最有效的提高听课效率的办法，记笔记也能让你的大脑和手协调起来，就不容易走神儿了。

第四，把上课时用不到的东西都收起来，这样能让你更加集中注意力。

第五，生活要有规律。避免用脑疲劳，保证充足的睡眠，也要注意一日三餐的营养，尤其是早餐一定要吃好，保证上午学习大脑所需的营养。积极去参加体育活动吧，特别是要好好利用课间十分钟，到室外换换空气，这样能保证大脑的清醒，有助于把你的精神调整到最佳状态。

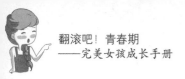

舞蹈课总是出现失误，我是不是不适合跳舞呀？

留言板：

"舞蹈老师教的内容其他同学都能很好地掌握，只有我总是出现失误，虽然老师没有批评我，但我现在开始怀疑自己是不是真的适合跳舞，有好几次我都想跟妈妈说我不学舞蹈了，可是又不想轻易放弃。"

——舞动梦想　11 岁

@ 舞动梦想

亲爱的你既然那么喜欢舞蹈，就千万不要被几次失误给打倒了哟！

谁都有几次失败的经历，失败并不是件坏事，它可以帮助你更好地认清自己，增加你的历练，让你变得越来越优秀。

平时一定要勤加练习，不可以偷懒哟。你有没有听过"笨鸟先飞"的故事呀，哈哈，更何况你不是一只小笨鸟，而是一只聪明的小天鹅。老师教的内容，回家之后多练习几次，直到熟练地完成为止，这样在课堂上就会减少失误的次数喽。只要你勤奋地练习，相信你一定会有更加出色的表现。

也可以给自己制定一个目标，一定是可行的目标！例如今天努力不让自己失误等，当你完成这个目标后，给自己一个小小的奖励。不断地完成目标，不断地让自己进步。不要给自己过大的压力，对自己要求过高或过于完美，那样会让你陷入自卑的深渊哟。

成功的路上，乐观心态是必不可少的，不要总是对以前的失误耿耿于怀，重新出发吧！

讨厌比我学习好的人

留言板：

"小姐姐，班长学习真的很好，大家都喜欢她，我是班里的文艺委员，除了成绩一般，什么都不比她差啦，可她总是能成为大家眼中的焦点。"

——大小姐 11岁

@大小姐

我的大小姐，你这可是小女孩的嫉妒心在作祟哟！

对于学习好的同学有些嫉妒，也没什么，你应该把嫉妒转化为学习的动力，努力地去超越她才对。

每个人都有自己的长处，大小姐也不例外啦。当然每个人也都有自己的短处，你不可能处处都比别人强，当别人比你学习好时，你可以试着把她当成学习的榜样，发现她的长处，来弥补自己的短处，只要你不断努力，友好地去对待和帮助身边的人，相信有一天你也会成为老师和同学眼中的焦点哟！

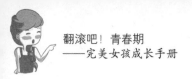

要考试了，好朋友让我给她传答案

"要考试了，我又开始烦恼了，每次考试好朋友就让我给她传答案，我又不好意思拒绝。怎么办？也不知道这样做是帮她还是害她。"

——甜心巧克力 16 岁

@甜心巧克力

这可不是在帮她哟！以后她再提出这种要求时，你一定要委婉地拒绝并向她说明你的理由，不然这样下去，她不思进取，学习成绩会越来越糟的。

拒绝理由：考试作弊是违反学校纪律的，考试是为了对平时学习的情况进行一次检验，是为以后更好地学习打下坚实的基础。通过考试了解自己最近的学习状况，发现学习中的问题，然后查漏补缺，努力使自己的成绩得到提高，这才是考试的真正意义。

还有一个好办法："授人以鱼不如授人以渔。"她让你给她传答案，是因为她学习成绩不好，但是还想取得好成绩，这说明她还有上进心的。你可以在考试之后，帮她补习功课，大家一起进步，让她相信只要她努力一定可以凭借自己的实力取得好的成绩。看吧！问题就这样解决了，按照我说的，马上行动吧！

要升学了，朋友、课业……我该怎么办？

留言板：

"马上就要上初中了，不知道和好朋友们还能不能分到一个班级里，如果分开了，我能不能交到像她们那样的知心朋友？老师会不会喜欢我呢？我像是得了升学忧虑症。"

——晴天娃娃　13岁

@晴天娃娃

你可以在开学之前，约上好朋友一起去新学校参观一下，熟悉校园环境，了解学校的每一座教学楼，并向学校内的工作人员请教新升学的班级会安排在哪儿，这样开学的时候，你就不会对学校感觉太陌生了。

亲爱的娃娃，你来回想一下刚刚上小学的时候，所有的同学对你来说不也是陌生的吗，慢慢地，你也交到了好朋友了呀，所以不用担心，即便是你没有和好朋友分到一个班级，也会有新的朋友在等待你呢！不分在同一个班级并不代表你们的友情不在了啊，周末的时候，还可以在一起玩、一起学习进步哟！

马上就要上中学了，你已经是一个大孩子了，要学着独立地面对生活，适应环境的变化，要向新环境展现出那个充满活力的自我，去迎接全新的挑战吧！

真想叛逆一把，不再做乖乖

留言板：

"我一直是爸爸妈妈眼中的乖宝宝，突然有一天，我有了叛逆的想法，我不想再做对爸爸妈妈言听计从的乖乖，我想做我自己，按照我自己的想法去做事情，我有这种想法是不是很奇怪？是不是要变成坏孩子了啊？"

——乖乖兔 14岁

@乖乖兔

哈哈，有这种想法也没什么不对啦！女孩们的心理发展都会经历这个重要的过程。青春期的你正处在"心理叛逆期"，有这种想法一点也不奇怪，可不要把它看成是你变坏的标志哟！

可爱的乖乖，你现在的独立意识是明显增强了，一定很渴望自己能摆脱爸爸妈妈的保护，不再依赖他们生活，什么事情都想独立自主地去处理。在青春期，你的自我意识也会随之增强，希望自己有充裕的时间去做自己想做的事，发展自己的兴趣与爱好，并对未来充满幻想，希望按照自己的个性去发展，还可能会把自己打造成心目中的理想人物呢。

有这些想法并不是什么坏事，但是故意地去叛逆就不对啦，如果有什么想做的事，可以跟爸爸妈妈商量一下，相信他们会理解你的，还有可能得到他们的支持呢，这样既做了自己想做的事，而且还能做个乖宝宝。

我就想玩游戏，不想做作业

留言板：

"我现在放学回家就会立刻打开电脑，开始游戏，根本不想做作业，我们班有很多人都在玩网络游戏，偶尔还会组团玩，她们的情况和我差不多，我们也知道这样不好，可我就是管不住自己。"

——德丽莎　16岁

@ 德丽莎

亲爱的，这样做可不是很好哟！沉迷于网络游戏对心理健康的危害是极大的。不要等身体和心理都受到伤害，无法自拔时才后悔。不过你能发现问题，就证明你已经想改掉现在的坏毛病啦！

正处于青春期的女孩们，身心发育还不够成熟，如果每天沉浸在网络游戏的世界中，会对你们的思维、情感、行为等产生不良影响。还会出现情绪低落、能力下降、思维迟缓、睡眠障碍、生物钟紊乱、食欲下降、体重减轻、精力不足、对事物丧失兴趣，这样就会给你的学习和生活带来巨大困扰。

不用太着急，只要正确地认识网络世界，严格控制上网时间就好。平时多丰富自己课余生活，比如外出旅游、和朋友聊天、参加一些体育

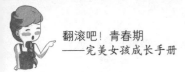

锻炼。你可以每天上网查阅资料或者玩一些小游戏放松一下，到时间后一定要离开网络或关机。如果实在管不住自己，就请爸爸妈妈来帮忙吧！刚开始时可能有些困难，不过努力坚持一个月习惯养成了，就会好起来了！

第二季　女孩的心理小问题

我讨厌"青春期"

留言板：

"我讨厌'青春期'，青春期不只是我的身体发生了一些变化，而且我的心里也发生了很大的变化，现在的我会有各种各样的小心思，会乱发脾气，性格变得一点都不像从前的我。唉！我要是不过青春期就好了！"

——芭拉变　13岁

@ 芭拉变

亲爱的，青春期是你身体发育的高峰期，也是心理发展的重大转折点，同时也是女孩们的烦恼期，难免会出现这样或那样的小问题。

你在这个时候，思想上要求独立，可是经济上又不能独立，对异性充满渴望，但心理又很封闭。当理想与现实发生冲突，就会有很多烦恼。青春期就是在这种相互矛盾的心理状态中，通过反复地挣扎和尝试之后慢慢地走向成熟的，这时候，学会调节自己的情绪可是很重要的啦！

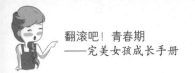
在学习上给自己制定长远的目标吧，先把这些目标拆分成一个个小目标，通过实现它们来集中你的精力，这样既有了好成绩，烦恼也变成快乐啦！

情绪不好的时候，要尽量控制，多发现自己身上的"闪光点"。多去参加课余活动和体育锻炼，没必要去排斥青春期，这个时期的你就像是蝴蝶一样，必须破茧而出，嘿嘿！要是想变成美丽的"蝴蝶"，就勇敢地来接受青春期的考验吧！

"讨厌"！怎么又动我的日记？

留言板：

"我发现我的日记被人偷看了，不明白为什么，爸爸妈妈总是想要偷看我的日记，难道大人的好奇心也很强？"

——琉璃娃娃的梦　11 岁

@ 琉璃娃娃的梦

嗨！娃娃，爸爸妈妈看你的日记，就是想更好地了解你，处于青春期的你，有了叛逆的小心思，跟爸爸妈妈沟通的次数越来越少，他们想时刻掌握你的动向，没有更好的办法，就只好偷看你的日记啦！

爸爸妈妈是非常爱你的，他们担心善良的你会受到外界的影响，害怕你会受到伤害。

如果你平时多和爸爸妈妈讲讲你的心事，把爸爸妈妈当作自己的朋友,将自己遇到的心事直言不讳地告诉他们,这样他们便能及时了解到你的想法,他们就不会再去偷看你的日记啦。

你也可以通过自己的日记,告诉爸爸妈妈你想拥有属于自己的小小空间,不希望他们再来偷看你的日记,这样在他们看到日记的时候,就会了解你的想法,以后就不会再发生这样的事情喽!

妈妈生气了

留言板:

"最近妈妈的脾气可真是不好,我在自己的房间里待得好好的,妈妈进来之后,也要对我乱吼一顿,有时候真想跟妈妈大吵一架,可是又不行……"

——彩梦 14岁

@彩梦

亲爱的,吵架可是解决不了问题的,妈妈已经在气头上了,你再跟她对着来,会让妈妈更生气。

你要体谅一下妈妈,当妈妈在气头上的时候,你就主动"躲"开一下。因为此时无论你说什么,火气十足的妈妈也都听不进去的。

等妈妈冷静下来,你再找合适的机会跟妈

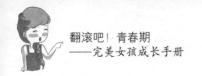
妈心平气和地谈谈，了解妈妈发火的原因，如果的确是自己哪里做得不好，就跟妈妈保证，一定会改好的。

假如妈妈总是莫名其妙地发火，你可以告诉妈妈经常发脾气对身体不好，建议妈妈为了自己的身体健康，要尽量保持心平气和。

如果妈妈因为遇到什么事而心情不好，才发脾气，要倾听妈妈的心声，表示非常愿意帮助妈妈排忧解难，一起共渡难关。我相信你可以的哟！

爸爸和妈妈的战争

留言板：

"小姐姐，最近爸爸妈妈不知道怎么了，总是吵来吵去的，还说要离婚。我心里很着急，我要是能帮上忙就好啦！"

——逍遥天使 13岁

@逍遥天使

亲爱的天使，我非常理解你的心情，每个女孩都希望自己有个温馨和睦幸福的家庭，姐姐也非常愿意帮助你。

找机会跟爸爸妈妈分别谈一谈，告诉他们，你因为他们吵架而感到苦恼，你希望他们可以互相谦让，不要为了一点点小事就争吵个没完，相信他们一定会重视你的感受。

聪明的你也可以主动承担起"家庭消防员"的任务，消灭爸爸妈妈发生冲突的导火索，这样争吵自然就会少很多了。例如：在妈妈埋怨爸爸之前，督促一下爸爸，或是自己勤快点，替爸爸妈妈解决一些力所能及的事。

有时候，并不是所有矛盾都是你能化解的，你还小，不能完全明白大人的想法和世界，他们下次争吵时，你也可以尝试回避一下，出去走走，让他们自己来解决。

不管爸爸妈妈怎样，你要知道他们都是很爱你的，他们不想伤害你，所以不管发生什么事情，你都要勇敢地面对。

妈妈答应我的礼物又"消失"了

留言板：

"讨厌的妈妈，上个月说如果我钢琴考级过了，就带我去商场买一条漂亮的裙子，可是一个月过去了，也没有带我去商场。看来妈妈答应我的礼物又'消失'了。要是做不到就不要随便答应我，害我空欢喜一场，我以后再也不相信她啦！"

——秋天的雨　11岁

@秋天的雨

是不是妈妈三番五次不守承诺，害你空欢喜了一场，让你伤心失落，让你感到气愤，甚至已经开始怀疑妈妈不爱你了？

要知道，妈妈是十分爱你的哟，可能妈妈的做法是有些不妥，只想着让你如何取得成绩，却忽略了你的感受。

你可以找妈妈谈谈心，让妈妈知道她的不守承诺给你带来的苦恼。告诉妈妈以后答应自己的事情要尽量去做到，这样女儿才能效仿妈妈讲诚信呀！

妈妈并不一定是故意不守承诺的。妈妈想给你更好的生活条件，满足你更多的需求，所以有很多的问题需要她去处理，有很多的工作需要她去完成，从而忽略了对你的承诺，没顾虑到你小小的愿望，所以，你也要理解、体谅妈妈。

妈妈总是让我做这、做那，真讨厌

留言板：

　　"哎呀，烦死了！妈妈怎么总是让我做这个、做那个，我连一点自己的自由时间都没有啦！"

——百变小妮　13岁

@百变小妮

　　亲爱的小妮，我想要告诉你，现在你已经是大孩子了，是家里的小主人了，应该在不影响学习的前提下，主动去承担一些家务，来减轻爸爸妈妈的负担。

　　要知道，做家务还有很多好处呢！可以让你学会做好时间上的规划及家务的分工，学会处理家庭生活中的各种问题，协调家人之间的关系。更重要的是，当你独立完成一项家务，得到爸爸妈妈的夸奖时，会大大地增加你的自豪感和成就感。

　　你正在慢慢长大，未来的世界需要你自己去打拼，现在你学会各种生活技能，才能更好地应对未来发生的各种状况，才能更好地照顾自己。

我不想去公共浴池洗澡

留言板：

　　"我真不想去公共浴池洗澡，那里有好多人，好别扭啊！公共浴池什么人都有，很不卫生。"

——羽落凡尘　13岁

@羽落凡尘

　　亲爱的，你是不是因为身体发生了一些明显的变化，而不好意思去公共浴池呀！如果不想自己去，妈妈又没有时间，可以约上几个好朋友，一起去呀！好朋友之间总是会有说不完的话，这样你就不会觉得别扭啦！

　　除了要鼓励你，姐姐也要告诉你，去公共浴池洗澡，卫生方面一定要注意以下几点。

　　第一，要自己带拖鞋。浴池提供的拖鞋大部分都是公用的，万一

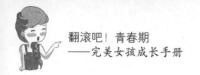
拖鞋没有彻底地消毒，是很容易传染上脚气等疾病的。

第二，随身穿戴的衣物最好用塑料袋装起来，再放进储物柜里，避免传染上一些疾病。

第三，要自带毛巾、浴巾。

第四，选择淋浴的方式，尽量不要在公共的浴池里泡澡，浴池里可能会有很多细菌，有可能会被传染上一些疾病。

 ## 镜子我喜欢上了你

留言板：

"我现在特别喜欢照镜子。每天上学之前我都要在镜子面前照上一会儿。有一次我在课上照镜子，不小心被老师抓到了，同学们用各种眼神看着我，真是好尴尬啊！"

——漫步青春　14岁

@ 漫步青春

爱美之心人皆有之，尤其是处于青春期的女孩，身体发生了变化，所以会特别注重自己的外表。照镜子可以，但一定要适度！

青春期的女孩自然、健康就是最美丽的。每天只要穿戴整洁去上学，就是最得体的啦。千万不要因为照镜子浪费太多的宝贵时间，更不要在上课时照镜子，这会影响你听课的注意力，还会给老师留下不好的印象，这样可就得不偿失喽！

要想摆脱这个坏毛病，姐姐有办法：

第一，每天记录照镜子的次数，然后有意识地逐渐减少，最好不随身带镜子。

第二，转移注意力。培养更多更好的业余爱好，例如听听音乐，读读课外书也可以帮妈妈做些家务。上课时，可以认真做笔记，积极回答问题，让自己没有照镜子的机会。

爱美可以，但不要为了美影响到学习，成为一个头脑空空的"花瓶"哟！

真正的朋友什么样？

留言板：

"小姐姐，最近好朋友总是跟我吵架，弄得我心情很不好，朋友的定义在我的脑海里变得越来越模糊了……"

——幸福海风 13岁

@ 幸福海风

关于朋友的定义，每个人可能都会给出属于自己的答案吧！

小姐姐认为，真正的朋友应该是可以与你同甘共苦，在你快乐的

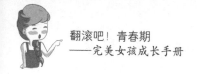
时候分享你的快乐，在你失意的时候分担你的痛苦，在你无助的时候帮你重拾信心；真正的朋友不会有私心，付出时没有一点吝啬，会全心全意地对你；真正的朋友会真诚相待、互相信任、彼此包容、多为对方考虑；真正的朋友会在你遇到危难时，挺身而出；真正的朋友即使天天黏在一起，也不会感觉腻，分开的时候，会时刻挂念着彼此。

当然，好朋友之间也会吵吵闹闹，天天学习生活在一起磕磕绊绊在所难免。如果你们真的把对方看成是好朋友，小吵小闹又怎么会破坏你们之间的感情呢？用不了多久，你们又会嘻嘻哈哈，恢复到从前的融洽。

如果你还在乎她，还想跟她继续做朋友，就主动去找她和解吧，让她知道你很珍惜她这个朋友！

朋友间的"诚信"

留言板：

　　"好朋友和我约好了放假去书店，就在要去的前一天，她突然告诉我家里有事，不能去了。但是那天我却看到了她跟另一个女孩有说有笑地走进了书店。我当时特想追过去质问她，为什么要说谎骗我，但我还是忍了下来。"

——果冻布丁　15岁

@ 果冻布丁

亲爱的布丁，你真是个聪明的女孩！面对朋友的不诚信，虽然你感到十分生气、恼火，但你能让自己冷静下来，没有直接跑过去质问她。

也许她是怕你会多想，才说了一个"善意的谎言"，结果却被你撞见了。你可以等到上学的时候向她问清楚到底是怎么回事。

如果你的朋友的确是有苦衷，你要试着用宽容的心去理解她。并告诉她以后有什么事可以直接说，不要再欺骗你啦！这样大家还可以做好朋友。

如果你的朋友是因为不想跟你做朋友而有意欺骗你，那你应该尊重她的选择，然后努力去找一个新朋友吧！相信会有很多新朋友在等着你哟！

当然，你也可以装作什么都没发生，继续像以前一样和她做朋友，把这件事当成是一个"小插曲"，放在你友情的日记里。

"网友"算朋友吗？

留言板：

"有好多朋友都开始交网友了，但是妈妈却不让我交网友，还说网友并不都是好人，难道网友就不能是好朋友吗？"

——开心果　12岁

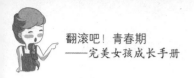

@ 开心果

亲爱的，现代科技这样发达，从虚拟的网络中认识的朋友，也就是网友，和现实生活中的朋友没什么本质区别，不过是认识的方式不同而已。不管在现实生活中，还是在虚拟的网络世界中，只要你们的心灵能产生共鸣，坦诚相待，彼此帮助，那么你们之间就应该是朋友关系。

网友不可能替代你现实生活中的朋友，当然，现实生活中的朋友也代替不了网友，有些不想或不能跟朋友说的话，却可以毫无顾忌地向网友倾诉。在你伤心的时候，给你安慰，分担你的痛苦；在你受到挫折的时候，给你鼓励，希望你可以坚强起来，克服困难。

妈妈不让你交网友，是害怕你被别人欺骗，在网络中大家用的身份都是假的，通过片面的文字交流，你不可能真正地了解一个人，而且网络中还有一些骗子，他们可能会欺骗你的感情，或是金钱，妈妈不让你上网交友也是为你好哟！当你还不能做出正确的分辨的时候，最好乖乖地听话啦！

面对朋友的"威胁"

留言板：

"好朋友向我借钱，我没有借给她，她竟然威胁我。在好朋友的威胁下，为了珍惜这份友情，我还是把钱借给了她，但是我的真心却换来了好朋友的得寸进尺，她竟然三番五次利用这种手段向我借钱，还害得妈妈误会我做了什么坏事，唉，真不知道该拿她怎么办才好！"

——蝶舞　13岁

@ 蝶舞

亲爱的，你要让她知道，现在的你们还没有经济来源，钱是从爸爸妈妈那里争取来的，把钱借给了她，回家之后自己就没有办法向爸爸妈妈交代了，而且妈妈已经因为前几次的事，对自己产生了怀疑。

如果她了解了你的苦衷，并把你当成是真正的朋友，就不会再"威胁"你啦！

不过，你要是真的关心朋友，并想帮朋友解决问题，最好找机会和她谈一谈，问问她为什么需要钱，为什么不向自己的爸爸妈妈要钱。如果她想拿着钱去做什么不该做的事，那么你一定要及时地制止她，并向她的爸爸妈妈反映情况，大家一起帮助她改掉坏习惯。

如果她真的遇到特殊情况或紧急情况，可以先把钱借给她，然后跟她一起回家，向你们的家长说明情况，就可以啦！

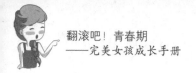

她爸爸妈妈怎么重男轻女呢？

留言板：

　　"我的好朋友很痛苦，她爸爸妈妈特别重男轻女，对她弟弟很好，弟弟要什么给什么，她恨她的爸爸妈妈，我真想帮她分担一些痛苦，小姐姐，我该怎么办？"

——宝儿星矢　15 岁

@ 宝儿星矢

　　看得出来，你很关心你的朋友，那我们就一起来想办法帮助她吧！

　　你要告诉她，千万不要因为爸爸妈妈重男轻女就恨他们，或是做什么傻事。他们怎么会不爱自己的孩子呢，每一个孩子都是爸爸妈妈的宝贝。

　　有的时候爸妈把更多的心思放在了弟弟身上，忘了关心她，忽略了她的感受，这是因为她已经是个大孩子了，可以照顾好自己了，而弟弟比她小，他没有懂得很多，还不知道要怎样更好地照顾自己。作为女儿要理解爸爸妈妈，对弟弟更要关爱才对。

　　你也要鼓励她，和爸爸妈妈多沟通，向他们说出自己的感受，这样有助于爸爸妈妈更好地了解她的想法，给予她想要的关注。

　　最重要的是，做好她自己，好好学习，好好爱自己，用实际行动让爸爸妈妈看到自己最优秀的一面，让他们知道女儿也一样值得他们骄傲！

伤心的朋友，我该怎么安慰你

留言板：

"好朋友的奶奶病逝啦，平时她跟奶奶的关系最好，一直都是奶奶照顾她，她一定会很伤心的，呜呜——伤心的朋友，我该怎么安慰你呀！"

——落泪天使　12岁

@ 落泪天使

失去亲人的确是一件很悲伤的事，不仅会给朋友带来巨大的心理冲击，还会带来很多复杂而强烈的情绪感受，她可能会需要一段时间才能从悲伤中走出来。

作为好朋友，你能做的就是陪在她身边，在她需要帮助的时候给她关心和温暖。你不一定非要跟她提起奶奶，但也不要刻意回避。在她怀念去世的奶奶时，跟她分享与奶奶的回忆，然后告诉她，奶奶一定希望她生活得更好。

最好让她把内心的悲伤说出来或者哭出来，不要憋在心里。在她想说的时候，做她倾诉的对象；在她伤心落泪的时候，为她递上一张纸巾，轻轻地拥抱她下或是借给她一个肩膀。

最重要的是，让她感受到你的关怀，让她知道在这个世界上还有很多关心她的人。时间会让人忘记痛苦，在大家的关心下，相信她一定会重新振作起来的。

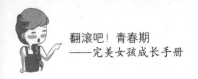

她出卖了我们的友情

留言板：

"我跟好朋友之间可以说是没有什么秘密，什么心事都会告诉她。可是就在我们吵架之后，她跟别人说了我很多坏话，还把我们之间的秘密告诉了别人。就算我们吵架了，可是她也不能出卖我们之间的友情啊！我真想直接冲到她家，找她问个清楚！"

——秘密花园　12岁

@秘密花园

亲爱的，你把她当成是好朋友，把自己的秘密都跟她分享，可是她却把你的秘密告诉了别人，这让你觉得她背叛了你，出卖了你们之间的友情。

但是直接去找她问清楚似乎不是很明智的做法哟。这么做，很可能会使原本就出现矛盾的友情，变得更加脆弱，从而失去这份友情，

这一定不会是你想要的结果。

等你自己冷静下来，再找她谈谈吧。也许她并不是故意把你的秘密告诉给别人的，可能是在你们吵架之后，她找别人聊天，一不小心说漏了嘴，才会让别人知道了你的秘密。如果她也感到了内疚和后悔，并向你表达歉意，那么你们就和好如初吧！

你要知道，当你把自己认为是秘密的事告诉给了别人，那这个秘密就不再是秘密了。下次，有什么秘密要跟好朋友说时，一定要先想好这个秘密可不可以被大家知道。

为什么要把我的秘密说出去

我怎么总是怀疑别人

留言板：

"我怎么总是怀疑别人呢？因为怀疑别人，我失去了好多朋友，我好讨厌这样的自己！"

——小欣翼翼　12岁

@ 小欣翼翼

亲爱的，你这是猜疑心理在作怪，通常会缺乏自信，会歪曲地理解别人善意的、正常的言行。假如别人赞扬你，你会怀疑是在挖苦、讥讽你；别人不理你，你会怀疑别人是在孤立你。其实，当你在怀疑别人的时候，实际上也是在怀疑你自己。

跟着小姐姐来改善一下你的猜疑心吧！

第一，要敞开心扉。你可以试着多跟同学一起玩，一起吃饭，一起逛街，把自己的烦恼、深藏在心底的疑虑都讲给朋友，听听朋友的想法。经常跟别人沟通，有助于你增加信任度、排除不良的心理干扰。

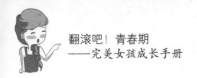
第二，要培养自信心。要相信自己可以处理好与他的关系，并且能给他人留下很好的印象。一个人如果自信，就不容易产生猜疑心理，就不会随便怀疑别人是否挑剔、为难自己。

第三，无视那些"流言蜚语"。猜疑之火往往是由"流言蜚语"的作祟而生，致使人失去理智、造成不良后果。因此，当你听到"流言蜚语"，发现自己开始怀疑他时，应当立即寻找产生怀疑的原因，冷静思考，防止受到不好的影响。

不要太在意别人的看法

留言板：

"我总是会受到别人的影响，就拿上次的演出来说吧，本来我可以表现得很好的，但是只要台下有议论声，我就无法专心表演，以至于失误了好几次，好朋友告诉我，我太在意别人的看法了，我也不想啊，但就是拿自己没办法呀！"

——聚光灯下的精灵　14 岁

@ 聚光灯下的精灵

你现在要做的，就是了解自己，正视自己。只有对自己有正确的评价，才能对别人的评价有选择地去汲取。

太在意别人的看法，会让你变得缩手缩脚，优柔寡断，久而久之，还可能消磨了你原来的特质。一定要对自己有信心，坚定自己的信念。在自己的想法和别人的看法之间作出判断，不要迷失了自己。

你要知道并不是别人的看法都是对的。当别人对你的看法有误，

甚至有些人出言不逊时，更不用太往心里去，一笑了之是很好的办法哟！因为你不可能得到所有人的认可。但是对于正确的、善意的意见，还是要虚心接受的，这样才能改善自己，提高自己。

除此之外，平时和朋友们在一起交流时，尽量保持开朗、乐观、自信，不要总是一副"沉默是金"的样子，多说一些自己的观点，不必担心会说错话，没有人会取笑你的。

慢慢来，姐姐相信你可以改变自己的！加油！

两个好朋友吵架，我帮谁好呢？

留言板：

"小婷、丽丽都是我很要好的朋友，可是前两天，她们不知道因为什么事而生气了，我到底要帮谁好呢？真的令我好为难啊！"

——萍水相逢　14岁

@ 萍水相逢

亲爱的，两个好朋友吵架，把自己夹在中间，的确是一件十分让人头痛的事。姐姐非常能理解你的心情啊！

作为她们的好朋友，你要做的是帮她们重新搭起友谊的桥梁。你

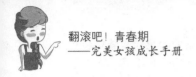
可以等她们双方都冷静下来后，分别和她们谈谈，询问她们吵架的原因，找机会让她们重新和好，使她们更加珍惜彼此之间的友情。

在调节的过程中，一定要组织好自己的语言，不要出现偏袒的现象，更不能在她们中间说一些不利于友谊发展的话。

如果经过你的调节，她们还是有一些小脾气，你也可以找大家共同的好朋友帮忙，毕竟你自己的力量有限，人多力量大，相信在大家的努力下，她们一定会和好的。

加油吧，相信你一定会打动她们，让她们重拾友谊的！

我和好朋友之间有了"第三者"

留言板：

"我跟媛媛是好朋友，做什么事都是我们俩一起，可是最近宁宁突然插了进来，还在我面前和媛媛有说有笑的，让我觉得自己受到了冷落，好像要失去媛媛一样。所以我不喜欢宁宁，她就像个'第三者'一样，想从我身边抢走媛媛。"

——孤单公主 13岁

@ 孤单公主

公主大人，青春期女孩在面对友情时，总有一种"占有"欲望，总希望好朋友只能是属于自己一个人的，不愿意和别人分享，所以你才会担心、紧张和不安，才会对宁宁的出现有所反感。

但是，媛媛并没有离开你，也没有放弃你们之间的友情哟！你也可以和宁宁成为好朋友啊，只要自己主动些，加入到媛媛和宁宁的话题中，这样就不会感到被冷落啦！

友情的世界不是只有两个人，不同的朋友，会给一个人不同的感觉，只要你愿意，可以和很多人成为好朋友的。更何况，你不可能一辈子只交媛媛一个朋友，你不觉得多一个朋友更好吗？

亲爱的对于"第三者"的加入，你不妨抱着欢迎的态度去试试，也许问题很快就解决了呢！

不允许你欺负我的朋友

留言板：

"前几天，好朋友被高年级的学生欺负了，我要帮她报仇，高年级的学生总是欺负我们低年级的学生，讨厌死她们啦！"

——星星计划 14岁

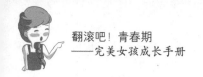

@ 星星计划

小姐姐知道你是一个正义感十足、又非常讲义气的女孩。但是，听到朋友被欺负之后，你就立刻想帮她报仇，可是非常地不理智呀！

不要因为一时之气，使事情变得更麻烦，带来更坏的影响。虽然你很想帮助她，不过很可能会帮倒忙，让自己和好朋友受到更严重的伤害。

作为朋友，你首先要做的就是尽量安抚朋友的情绪，让自己保持理智，不要冲动，更不可意气用事。等你的好朋友情绪稳定了之后，跟好朋友好好谈谈，客观地去了解事情发生的起因经过，当然还是要以劝导朋友为主，以后尽量避免再发生类似的事情。

如果事情真的像你说的那样，高年级的学生总是欺负低年级的学生，那就一定要告诉老师，向老师说明原因，请求老师的帮助，避免类似的事情再次发生。

面对朋友的无理要求，我该怎么办？

留言板：

"朋友让我陪她去见一个刚刚认识的网友，可是妈妈说过，不可以和陌生的网友见面，怎么办？我到底该不该陪她去呀？"

——若雨听菲　14岁

@ 若雨听菲

妈妈不让你去跟陌生的网友见面，是怕你遇到什么危险。如果你已经答应妈妈了，但是你又担心好朋友一个人去见网友会遇到危险，那么你可以跟朋友好好聊聊，最好劝她也不要跟陌生的网友见面，因为那是很不安全的，也是很不明智的选择。

在这种情况下去跟网友见面会很危险，告诉朋友你的真实想法，让她知道你的忧虑，相信你的朋友一定不会强人所难的！

如果在你的劝告之下，朋友还是执意要去与网友见面，你可以让她去征求她爸爸妈妈的同意，让她在父母的陪伴下与网友见面，一定要注意安全，尽量选择在人多的地方见面哟！

当然，处于求学阶段的你们，还是要以学业为主，不要把太多精力放在网络上。不如多和身边的同学多交谈交谈，不要因为网络而忽略了现实生活中的朋友们哟！

陪我去见网友吧.

125

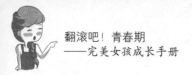

我那爱撒谎的朋友

留言板：

　　"我有一个好朋友特别爱撒谎，最近她还要我帮她一起撒谎骗老师，被我拒绝了，她便开始生我的气，还说以后都不会再理我了！"

——天真的田田　12岁

@ 天真的田田

　　亲爱的田田，你做得很对，撒谎本身就是一种很不好的行为。

　　作为好朋友，你要让她知道撒谎是不对的，应该劝她尽早改掉撒谎这个坏毛病哟！

　　撒谎不仅会影响她的正常生活，还会让她跟家人和朋友的关系越来越疏远。因为撒谎会让她错上加错，会让问题变得更加严重。通常在她说了一个谎话之后，为了圆这个谎，还要继续撒谎，这样她的生活就会被谎言所包围，每天都要担心自己的谎话会不会被揭穿，这样她也不会快乐。

　　撒谎并不能解决问题，如果做了错事，就不要找任何借口，而是应该主动承认错误，慢慢地就会改掉撒谎的想法和坏习惯啦！

　　如果她对你的劝告和帮助不屑一顾，你可以请老师和她的家人来帮忙，这样集合大家的力量，一起努力拯救你那爱撒谎的朋友吧！

> 撒谎是不对的。

要不要和朋友分享秘密？

留言板：

　　"我的好朋友，非常喜欢打听别人的隐私。她总爱刨根问底地挖我的小秘密，还说好朋友之间就该分享秘密，不能隐瞒。我好矛盾啊，不知道该不该毫无保留地告诉她。"

——天天没秘密　14 岁

@ 天天没秘密

　　好朋友之间并不是毫无隐私的，因为每个人都是一个独立的个体，都会有属于自己的不想与别人分享的小秘密，而且每个人也都渴望有一个只属于自己的空间，让自己的身体和心灵得到完全的放松，以此来获得内心的安全感。

　　如果下次再遇到这种情况，你要明确地告诉你的好朋友，应该学会尊重别人的隐私习惯，不要随便打听，更不要追问别人的隐私。

　　朋友之间有些秘密是愿意拿出来彼此分享的，但是如果有不想分享的秘密，就不要强行追问。

　　你也可以请她站在你的立场想想，如果别人追问她的小秘密，她是不是也会觉得很苦恼呢？己所不欲，勿施于人，相信她可以理解你的。

127

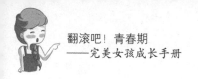

 ## 伤害了朋友，自己也会不开心

留言板：

"今天我跟好朋友吵架了，无意中我说了让她伤心的话，我知道她一定很难过，可是当时我在气头上，也没考虑那么多，现在想想，当时的做法真是太不理智了。我现在真是后悔极了，小姐姐，快来帮帮我吧！"

——芭比宝贝　13 岁

@ 芭比宝贝

既然你们是好朋友，你也知道自己的话伤害到了对方，那就找个机会，主动真诚地去向她道歉，相信她会原谅你的，你们还会是好朋友的。

好朋友之间吵架，出现矛盾总是在所难免，不管是谁的错误，只要两个人都能主动地为对方考虑，站在对方的立场上想想自己的言行，多一些宽容和理解，让那些不开心的事烟消云散，相信问题也会得到很好的解决。

能成为朋友说明你们彼此需要对方的鼓励和帮助，既然大家彼此依赖，那就要好好对待与你同甘共苦的朋友，好好珍惜这份来之不易的友情吧！

对不起

我身边的男同学

留言板：

　　"班级重新分座位之后，我的前后左右都是男生，感觉好不自在，闺密还取笑我不要传出什么'绯闻'呀，感觉青春期的故事越来越复杂了！"

——快乐的小蝌蚪　15岁

@ 快乐的小蝌蚪

　　小蝌蚪同学，你想得太多啦！女孩和男孩的交流也有很多好处呢！比如说，在学习上，你们可以互相影响、互相学习、互相促进，有利于取长补短，全面提升自己，从而提高学习效率。

　　从情感上，男孩可以在女孩的柔和细腻中得到安慰，而女孩可以从男孩的豪放和勇敢中得到安全感，从而消除疑惑等心绪。而且，正常的异性交往有助于完善丰富自己的个性，让你变得更加成熟起来。

　　至于"绯闻"问题，你也不要过于担心，女孩和男孩交往时，只要摆正自己的心态，不要过于敏感，更不要胡思乱想，彼此之间相互尊重，相处自然、大方，把握好与异性交往的尺度，保持正常的交往就可以啦！

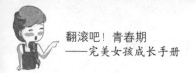

朋友 VS 男朋友

留言板：

"男孩和女孩之间就没有很纯洁的友谊吗？我跟我们班的一个男同学关系很好，我们只是好朋友，可是同学们总说他对我有意思，我很怕我们之间的这种感情会变质，小姐姐，教教我该怎么做吧！"

——开心果　14岁

@ 开心果

亲爱的开心果，男孩和女孩之间当然有很纯洁的友谊啦！纯洁的友谊中是没有爱情成分的，就像好姐妹、好哥们儿一样，友好相处，不带任何杂质的。

我相信你们之间是一种纯友谊关系，所以你才会很珍惜这份感情，不想让这份纯洁的友情变了味道。

女孩与男孩相处交往时，只要表现得大方得体，真诚热情，坦率而不做作，在学习上彼此之间互相帮助、相互促进就可以啦！不要总是胡思乱想哟！当然，如果心里有了超越友情的想法，就要提醒自己注意啦！毕竟，处于学生时期的你们，还是要应该以学习为主。还有，与异性之间，尽量不要单独相处，以免引起不必要的误会哟！

我们是好朋友哦。

我和好朋友暗恋上了同一个男孩

"我和好朋友同时喜欢上了一个男孩，为了这个男孩，我跟好朋友的关系差点闹僵了，现在我很痛苦，不想因为一个男孩而破坏了我和她之间这么多年的友情，但是我也不想放弃那个男孩。好矛盾啊！"

——春天的小桃　15岁

@ 春天的小桃

亲爱的，处于学生时期的你们，最好不要过早地涉及感情的事。现在的你们还不能完全明白爱情的含义，你对那个男孩的好感，只不过是因为青春期性意识悄悄萌动的结果。

要知道，爱不是单单地喜欢就可以，它还包含很多很多的责任，而盲目地恋爱只会给自己带来更大的伤害。

关于你的友情呢，身边能有一个好朋友是非常幸运的事，如果因为一个本不该发生的事而毁了这份精心培养起来的友情，是不是有些不划算呢？

小姐姐希望你们三个人都能以学业为重，把这种感情化为学习的动力，彼此之间互相鼓励，共同进步，为了美好的未来一起奋斗，这样不是更好吗？

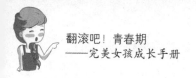

那个男孩总是盯着我看

留言板：

"好朋友告诉我，有一个男孩总是盯着我看，刚开始我以为是好朋友在和我开玩笑，后来我也发现了，那个男孩真的总是盯着我看，现在只要一想到有人盯着我，我就不能集中注意力听课。很想走过去告诉他，让他不要再盯着我。"

——小 baby 14 岁

@ 小 baby

哈哈！男孩会盯着你看，可能是因为你在某些方面做得很出色，他很想跟你做朋友，但是又不知道怎么开口，所以才会盯着你看；还可能是他有什么不明白的问题，想要问你，却又怕你会拒绝他；最后一种可能性就是青春期男孩心里的萌动，对你产生了好感，才会盯着你看。

不论是哪种原因，你都可以大大方方地去找他谈谈，把事情问清楚。如果在自己的能力范围之内，你会非常愿意帮助他，请他以后不要再盯着自己看了，告诉他这样会影响到你的学习和生活。

如果在听了你的劝告之后，他还继续盯着你看，你可以和老师商量一下，请老师帮助你，让老师对他进行说服教育。或者，你可以请老师给你调一下座位，总之，不要让他的行为影响到你的学习，你需要摆正自己的心态，不胡思乱想，以平常心对待，把自己的注意力从这件事上转移回来吧！

桌箱里的情书

留言板：

"今天上学的时候，发现桌格里有一封信，打开一看竟然是一封情书，给我写情书的是我们班的一个男同学。一整天我都在想这件事，上课也不能集中注意力，每当与他目光相遇时，我会马上移开视线，就像是做了坏事害怕被人发现一样。"

——含羞草　14岁

@ 含羞草

小美女，你能够收到异性情书，那说明你很有魅力哟！千万不要因此就慌了手脚，从而影响了自己的学习。

正处于青春期的男孩们，对异性产生好奇并被吸引，是一件很正常的事。有些男孩为了表达自己的真挚感情，是会给自己喜欢的异性写信的。

对于这件事情，你可以和往常一样，只当什么也没发生就好啦，还是大家一起有说有笑的。至于那封信，你可以把它丢进垃圾桶。当然，

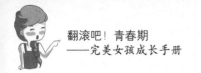
你也可以把它珍藏起来，作为青春年少的见证吧！

对于写情书的男孩，你可委婉地拒绝他。告诉他，现在你们的年龄还小，最主要的任务是学习，应该不断地完善自己，充实自己，你是不能接受这份感情的。

值得注意的是，你在表明立场的同时，一定要尊重对方哟！尽量不要轻易将他的信件告诉别人，更不要当着别人的面嘲笑他，以免会伤害到他的自尊心。

如果他无理取闹，继续纠缠你的话，你可以告诉老师或家长，请他们出面帮你解决吧！

有了想要关心的男孩

留言板：

　　"我对我们班的班长特别有好感，总是想关心他。看到他开心，我就会很高兴。不管什么时候，总是想多看他一眼。我是不是学坏了啊？要是被妈妈知道她一定会对我感到失望的！"

——仰望天空　15 岁

@ 仰望天空

　　亲爱的，有好多女孩都会遇到你这样的问题哟！这是因为正处于青春期的你，体内雌性激素开始产生，性意识也开始在心中悄悄萌发，这时候就会对异性产生感觉，产生好奇，甚至是爱慕的情感，总是想关心那个男生。这是青春期发育中正常的生理和心理现象，并不是你学坏啦！

你可以尝试着把自己的心里话告诉妈妈，及时跟妈妈沟通，并请她帮助你，让妈妈告诉你应该如何处理好与异性的关系，如何把握好与异性交往的尺度，这样你自己就不会再胡思乱想啦！

平时你也可以多培养自己的兴趣爱好，丰富课余生活，把自己的注意力从他的身上转移到其他方面。

我喜欢上了老师

留言板：

"每天我最期待的就是英语课了，因为我喜欢上了我们英语老师，他高大、帅气又有涵养，我们班好多女生都迷恋他！"

——彩虹的微笑　16岁

@ 彩虹的微笑

亲爱的，青春期的女孩很容易对成熟的男性产生仰慕之情，这是很正常的现象。这一时期，女孩的性意识开始增强，心理和生理也逐渐走向成熟，恰好出现了一位学识渊博、才华横溢、和蔼可亲、待人诚恳、成熟稳重的男老师，他便很自然地走进了你的心里，成了你崇拜的对象。要知道这时你对老师的感情更多的是一种崇拜之情哟！

你的这种崇拜之情只是青春年少时的一种

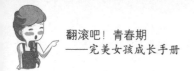
心灵寄托，和真正的爱情是有区别的，你可以尝试着把它当作一份青春期的礼物，或者当成是你成长过程中的一段小插曲，把它永久地珍藏起来，也许很多年以后，回想起来会别有一番滋味呢！另外，你也要多交朋友，开拓自己的视野，丰富自己的兴趣，这样就可以转移自己的注意力，不再胡思乱想啦！

暗恋是美丽，早恋是涩果

留言板：

　　"我喜欢一个男孩，我好想跟他表白啊，虽然我知道现在对我们来说学习是最重要的事，可是我就是无法停止想念他，我该怎么办呢？这种矛盾心理让我寝食难安，真的好烦啊！"

——美好待续 15 岁

@ 美好待续

　　青春期女孩对男孩有好感，或者喜欢上了某个男孩，这都是很正常的事。无论你的表白成功与否，都会让你受到影响。

　　要知道"暗恋是美丽，早恋是涩果"哦！宝贝，你要学会控制和克制自己的感情。把这份感情冻结起来，珍藏在心底，并且要把自己的精力用在学习上，丰富自己的学识及兴趣爱好，这样就会转移"恋爱"的注意力啦。要学会用理智战胜情感，主动远离早恋的旋涡吧！

　　日常生活中要学习如何正确地与人交往，多参加一些集体活动，尽量避免与异性单独接触，就算不得不在一起时，也要讨论有益于身心健康的话题，多说些互相鼓励的话，使大家共同进步。校园里的同学情谊可以说是最纯洁无瑕的，可别让自己的"小心思"扰了这份纯洁的友情哟！

我有了我的偶像

留言板：

"现在学校里的女孩子都很喜欢追星呢，我也很喜欢，好多明星真的很帅气！我听说学校里还有人去听过偶像的演唱会呢。真羡慕！看来我也要更努力才好啦！可是妈妈却不允许我在偶像身上花太多的心思！"

——放菲梦想　14岁

@ 放菲梦想

亲爱的，妈妈不让你追星，是希望你不要因此而荒废了学业，你要理解妈妈的良苦用心哟！

青春期的女孩正处于爱幻想的年纪，大多时候都是感性多于理性，注重外在的东西，只因为他们外貌帅气，或是歌曲动听，就对他们产生了喜爱之情，有的甚至到了痴迷的程度。

如果过度或盲目崇拜偶像，或追逐潮流，就会让女孩们过于理想化、脱离现实、失去自我，甚至是为了"追"明星或自己的"明星梦"而荒废

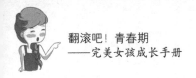
了学业哟！

　　妈妈的担忧也是人之常情！当然，追星也不一定全是负面影响，只要你能够正确地看待偶像，合理地选择偶像，不盲目地追随或者过度痴迷，学习他们身上的正能量，也会有好的、积极的一面。小姐姐相信你能够处理好的，加油吧！

第三季　交往其实很简单

爸爸妈妈，我长大啦！

留言板：

"爸爸妈妈真的非常关心我，甚至有点过度，什么事都操心，吃饭、睡觉、整理物品、接送上学，不放心让我做这做那，每天放学回家后就被追着问东问西，我真的很烦恼，现在他们说什么我都不想听。小姐姐，请帮帮我吧……"

——长大的我　15岁

@ 长大的我

当你产生了这种独立的想法的时候，也正说明你的心理成长了。

女孩到青春期的时候会产生独立性和自立性，并且也拥有了自己的做事方法，以及自己的秘密。每个青春期女孩在成长过程中，都可能会遇到这样的问题。这时候的你不要和爸爸妈妈发脾气，想办法解决问题才是最重要的哟！

你可以尝试多和爸爸妈妈沟通，告诉他们你长大了，并用实际行动来证明自己真的可以照顾好自己了。比如说，自己整理书包，自己叠被子……自己能做的事情尽量自己去做。

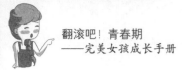
你还可以主动为爸爸妈妈分担家务。可以从简单的扫地、擦桌子、布置碗筷到为忙碌的爸爸妈妈下厨准备晚餐等，你做的菜可能不是最美味的，但是会让他们很感动哦！用这些实际行动来告诉爸爸妈妈："我长大了，我可以自己来！"

现在开始行动吧，向爸爸妈妈证明你长大了，相信他们一定能给长大的你一个独立的空间，让你去做自己喜欢做的事情的。

老师的批评虚心接受

留言板：

"小姐姐，前一阵子老师批评了我，我觉得特别丢脸，总觉得同学们都在用异样的眼光看我，我现在看她特别不顺眼，学习也跟不上了，总觉得她要针对我，我每天都不开心，心里非常烦躁！"

——小心情　11岁

@ 小心情

宝贝，受到了批评伤心难过是正常的，但是你要知道老师批评你是希望你可以长大成才，是希望你能够改正自身的小缺点，并不是针对你，更不是不喜欢你哟！

每个人都会犯错，知错能改就是好孩子，老师的批评并不是毒老虎，不要害怕。批评它就像是一个小皮鞭，时时地在身后告诉你做一

个听话的好孩子，它也像营养丰沛的肥料，促使你苗
壮成长，长出枝叶，变成更挺拔的"大树"。

当你受到老师的批评时，你要端正自己的态
度，虚心接受老师的批评，正确地认识到错误产生
的原因，只要及时地改正错误，这样不论是老师还是
同学们都会为你的改变而去欣赏你的。

认真地倾听，幽默地交谈

留言板：

"我很喜欢和同学们一起聊天，但是不知道为什么同学们都不喜
欢和我聊天！虽然我觉得他们说的话也没什么意思，我比他们要厉害
得多，但我也不清楚他们为什么一起排挤我，不肯和我说话！"

——小怪兽沫沫 13 岁

@ 小怪兽沫沫

亲爱的，你是一个典型的喜欢表现的孩子呢！但是，你要知道，
并不是你说什么别人就会喜欢什么，你要学会倾听，学会尊重别人，
学会以幽默的方式与别人交谈，
这样才会受人欢迎。

小姐姐来教你几招，让你
变成一个受欢迎的女生吧！

第一，学会认真地倾听。倾
听时，你要时刻注意着说话人的眼睛，

对于别人的发言要适时地做出点头、微笑或者一些肢体语言，来表达你的情绪和对这段谈话的感觉，这样既能表现出对说话人的尊重，也可以让别人认为你对他们的话感兴趣，愿意和你继续交流下去。

第二，学会幽默地交谈。与对方交流时，你要学会用轻松的语调说话，能够偶尔讲个笑话，开个小玩笑等。因为幽默的语言不仅仅会给别人带来欢笑，也会给大家展现你乐观的心态哟！

亲爱的沫沫，现在你知道应该怎么做了吗？加油吧，相信你会越来越受欢迎的！

拒绝请委婉些

留言板：

　　"我有一个同学要请我帮忙，可是那件事我真帮不上忙，就直接拒绝了她，之后她就不再理我了，还和其他的同学说我太冷漠，现在很多同学都和我保持距离，我真的好苦恼哟！"

——固执的慧慧 13岁

@ 固执的慧慧

　　亲爱的慧慧同学，拒绝可是一门学问哟！如果你的拒绝太直接或者太生硬，是很容易让对方觉得没面子，或者会直接伤害到对方，更会让对方认为你这个人太不近人情了呢。

　　作为同学，如果能够帮到对方，还是尽力地去帮忙，这样才能赢得别人的尊重。就算自己不能帮忙，决定拒绝时，也是有一定技巧的，来学习一下吧！

第一，委婉拒绝。当你确实不能帮上忙时，就以委婉的态度拒绝，并说明你的原因，相信你的诚恳会感动对方的。

不好意思不过我可以帮忙找人帮你。

第二，微笑面对。真诚地微笑，真诚地拒绝，要让他人感受到你的真诚、尊重、礼貌，这样他们一定会理解你的拒绝的。

第三，另辟蹊径。当别人的忙你帮不上的时候，就想其他的方法帮忙，或者是承诺以后有机会再帮忙，这才是聪明的拒绝哟！

现在，你是不是已经知道应该如何去拒绝对方了呢？拒绝是不是变得简单了呢？

赞美是赠予他人的阳光

留言板：

"我的性子很直，别人有什么缺点我都会直接说出来，这样就会得罪很多人，他们都不和我做朋友了，我很难过，希望小姐姐帮帮我。"

——甜蜜的微笑 12 岁

@ 甜蜜的微笑

直言不讳并不是交朋友的最佳方式，有时候你直接将别人的缺点都说出来，这样很容易会伤害到对方的，对方自然就不喜欢和你做朋

友了！

在人际交往中，不要总是指责别人的缺点，要学会善于发现别人的优点，并适时地赞美他人，这样才会让你和同学及朋友关系更加融洽哟！

一句轻轻的赞美不仅可以让别人开心，也可以让自己获得更多的朋友！有一句话说得好：赞美是赠予他人的阳光。赞美能使别人沐浴在阳光中，全身心充满喜悦之情。

值得注意的是，赞美不是"奉承别人"，不是"溜须拍马"，而是善于发现他人的优点，正确使用夸奖的诀窍，真诚地用欣赏的态度去赞美他人。

亲爱的微笑，你明白了吗？只要你的赞美出于真心，相信就会有更多的人喜欢你哟！

理性地对待别人的赞美

留言板：

"生活和学习中，我经常会受到很多人的夸奖，可我不能确定他们是真心的夸奖我还是奉承我，虽然听到这些赞美我很开心，但内心还是很想听到朋友对我最真实的评价。"

——温柔的牵挂　14岁

@温柔的牵挂

亲爱的，得到赞美是一件值得高兴的事，说明他人接受并喜欢你的观点或行为。每个人都期待受到赞美，也会因为赞美而备受鼓励，心情愉快。

赞美并不是一个劲儿地夸奖或是说好话，更不是一味地吹捧、奉承，而是出于真心地欣赏和赞同。

当你面对别人的评价时，要学会分析别人的话，如果是真心的赞美，就要理性地接受，谦虚地微笑，并且要继续努力下去。

当然，无论是赞美还是批评，你都要理性地去面对，并把它变成你成长中的催化剂，做到取长补短，这样你以后的人生道路才会越走越宽、越走越远。

交谈的禁忌

留言板：

"我是一个特别喜欢和别人聊天的女孩，但是有几次和同学聊天聊得很不开心，我不知道是不是我说了什么不该说的话而引起同学的反感。小姐姐，能不能教教我应该怎么交谈呢？我很想知道交谈中都有哪些需要注意的地方。"

——池塘里的鱼儿　14岁

@ 池塘里的鱼儿

亲爱的小鱼儿，你的顾虑是对的
哟！在与人交流中，除了要付出真诚
以外，还需要学会一些交谈的小技巧，
这样才能让你结交到更多的朋友，
让你在朋友圈中更受欢迎！

接下来听小姐姐的建议并快快
改进升级吧！

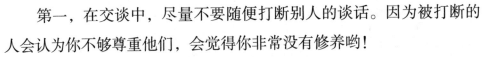

第一，在交谈中，尽量不要随便打断别人的谈话。因为被打断的
人会认为你不够尊重他们，会觉得你非常没有修养哟！

第二，不要随意触及隐私。每个人心里都有一个世界，会装下很
多秘密，有的可以分享，有的则不可以，不要妄图知道这些秘密，这
叫做隐私权。也许你的同学和朋友信任你并和你分享了秘密，一定要
为之保守秘密哟！

第三，交流中尽量多一些幽默与赞美。每个人都希望被赞美，多
说一些赞同的话，就算意见不同时，也可以委婉地说出你的想法，才
会更容易让人接受。

第四，尽量不要喋喋不休地发牢骚。如果心里有烦恼，你可以找
好朋友倾诉，但不要在不太熟的朋友前喋喋不休地诉说，因为不了解
你的人非但不会帮到你，你在他们心中的形象也会大打折扣！

小鱼儿，现在你了解了吗？以上这些技巧是交友必不可少的哦！
努力让自己快速成为最佳的聊天拍档吧！

配合是一种气度

留言板：

"班级要画板报，老师让我们四个同学一起完成，我是组长。原本大家商量好用我的方案，但在实施的时候他们三个都不做了，还说谁提的方案，就由谁来做。我赌气就说我自己做，不要他们插手。结果我们没在规定的时间完成，老师批评了我们，他们又把错误都推到了我的身上，真让我郁闷。"

——玻璃鞋 15 岁

@ 玻璃鞋

作为一个团队的组长，你要做的是调动整个团队积极性，并且让这个团队能够相互配合完成任务，而不是自己一个人积极地"单干"哟！

在一个团队中，每个成员都是团队必不可少的力量，你们必须做到相互配合，相互尊重，及时沟通，把团队当成自己的港湾，"同呼吸共患难"，为了共同的目标而努力完成任务，而不是遇到问题就相互推卸责任，不讲究团队协作，相互排挤，这样的结果肯定是以失败而告终的。

配合是一种气度，团队合作是一种能力。因此，玻璃鞋同学，下次要做好小组长的领导协调工作，努力打造一个团队协作的氛围，才能共同迎接挑战。

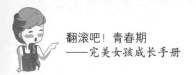

懂得换位思考的女孩才是聪明的女孩

留言板：

"因为一件小事，我跟好朋友吵了起来，结果她委屈地跟我说不想再跟我做朋友了。回到家后跟妈妈说了这件事，妈妈听后只说了一句：'聪明的女孩懂得换位思考。'我有点不太明白妈妈的意思。"

——聪明的小蘑菇　15岁

@ 聪明的小蘑菇

亲爱的，妈妈是希望你可以站在对方的立场考虑问题，能够换位思考。这样一来，也许你们就不会吵起来了，也就不会做出伤害你们友情的事情啦！

在交往中，学会换位思考是很重要的，不仅仅是好朋友之间要换位思考，当你在跟爸爸妈妈、老师、同学相处时，也要懂得换位思考。

该怎么做才能做到换位思考呢？

第一，站在别人的立场思考问题。每个人对事情的看法都有所不同，处事的方式及所处的立场也会各不相同。因此，应该多站在别人的角度看问题，多想想别人的感受，多问问别人的需要，设身处地地为别人着想。这样沟通交流起来就会变得更加容易，才会改善你的人际关系，赢得友情哟！

第二，将心比心，真诚相待。真诚是相互的，要想别人用真心待你，首先你要敞开自己的心扉，主动真诚地对待别人，宽容、理解别人，这样才能

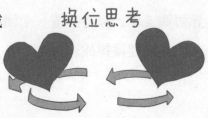

换位思考

化干戈为玉帛，化戾气为祥和，使你们的友谊更加坚固。

朋友是你一生的财富，友谊可以让学习和生活变得更加愉快，只有在交往中懂得换位思考，彼此体谅，才可以避免一些不必要的纷争，才能让友谊更加长久哟！

拜访他人有礼貌

留言板：

"周末我想去好朋友家做客，妈妈要我学习一些拜访他人的礼仪。去好朋友家还用注意这些吗？真的好麻烦啊！"

——如影随形　13岁

@ 如影随形

你可不要嫌麻烦哟！拜访礼仪是很重要的，它可以加深你们彼此之间的感情，还能很好地表现出你的礼仪修养呢！

在拜访过程中，都需要注意些什么呢？

第一，提前跟好朋友约好时间。拜访前应先与好朋友联系，约好时间，不要贸然前去。约好时间后，要准时赴约。万一临时有事不能及时赴约，要马上通知对方，不可无故爽约哟！

第二，去好朋友家做客前，最好挑选一份礼物带给对方。

第三，到达好朋友家后，应用手

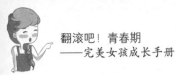

轻轻敲三下门或者按门铃，之后耐心等待。进入好朋友家后，如果她的家里有长辈在，要先跟长辈问好。

第四，去好朋友家做客，如果要用她们家的物品时，要先征求好朋友的意见，不可随意乱动、乱翻哟！

第五，如果在好朋友家用餐，要表示感谢。离开时，也要向长辈告辞，并谢谢他们的招待。

现在知道如何去朋友家拜访了吗？在拜访中，要时刻注意自己的言谈举止，去做个人见人爱的优雅小公主吧！

打电话的学问

留言板：

　　"我给同学打电话的时候，恰好被妈妈听到了。挂了电话后妈妈跟我说，这样打电话是很没礼貌的，让我以后要注意。打电话还要讲文明礼貌吗？我怎么不知道呀！"

——从前的从前　11岁

@ 从前的从前

宝贝，妈妈说得很对，打电话是要注意文明礼貌的，不然会变成不懂礼貌的女孩呢！

第一，打电话要选好时间，尽量不要在别人休息的时间打电话，以免影响别人的正常休息。

第二，当接通电话以后，你要先送上自己的问候，然后告诉对方你是谁。如果是对方的父母接的电话，要请他们代为转接，还要说"谢谢"。

第三，通话中不可三心二意，一边打电话，一边看电视、吃零食或者上网等。要注意面带微笑，保持愉快心情，声音要清晰，音量也要适中。

第四，挂电话时，一般都是打电话的一方先挂电话。如果是与长辈通电话，应让长辈先挂电话。

第五，在公共场合打电话时，要考虑到身边人的感受，不要影响到他人，也不要旁若无人地大声讲话哟！

不要在背后议论别人

留言板：

"今天姐姐来我们家玩，我跟姐姐说了好多我们班同学的糗事，本来是想逗她开心。可是姐姐却告诉我，不要随意在背后议论别人，还说这是个很不好的习惯。哼！本来是好心，结果还受到了批评。"

——开心宝贝　12岁

@ 开心宝贝

宝贝，不要感到委屈了，姐姐并没有说错啦！在背后议论别人可是一个非常不好的习惯。

如果一个人喜欢在背后议论别人、说别人的坏话，只能说明她的心态非常消极、不健康。她可能是一个缺乏自信、感到自卑、没有安全感的女孩，需要用否定别人的方式来寻找自我安慰，相信小宝贝不是那样的女孩吧！

151

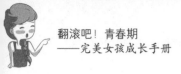

你也不会喜欢别人在背后说你什么的吧，听不到自然没什么，可是如果事情传到了你的耳朵里，你是不是也会很生气呢？自己不愿意做的事，也不要强加给别人哟！

她可真讨厌啊

与老师相处

留言板：

　　"妈妈看了我的考试成绩后，问我为什么语文没有考好，我随口就说了一句，因为我不喜欢语文老师。妈妈说我这种跟老师相处的方式不好，让我改正。可是我就是非常不喜欢那个语文老师呀！"

——数学小天才　12岁

@ 数学小天才

　　妈妈说得很对哟，不能因为不喜欢哪位老师，就不认真上课啦，这样不仅会使你偏科，更不利于你未来学业的发展！

　　想要和老师好好相处一点也不难，只要按照小姐姐教你的方法，相信你一定能够和老师相处融洽的。

　　第一，要尊重、理解你的老师，并珍惜老师的劳动成果，不可顶撞你的老师。老师对学生的付出是无私的、不求回报的。有时候他们批评你，并不是针对你，只是希望你能够尽快改正错误，希望你能够成才。

有时候，也可能你会因为老师的失误受到冤枉，你感觉很委屈。要知道人无完人，对待老师的失误，你要充分地理解他，当面顶撞可是不明智的想法，可以先忍耐一下，事后找老师谈谈，委婉地告诉老师他错怪你啦！

第二，当你遇到不懂的问题或者事情，要虚心向老师请教，这样可以拉近你与老师之间的距离，给老师留下一个好印象，让老师更加关注你哟！如果犯了错误，就要主动承认，并及时改正，千万不可以撒谎或者推卸责任哦！

与同学相处

留言板：

"在班级里，我几乎没有什么朋友，是不是我跟同学的相处方式有问题呢？我觉得自己不是一个特别内向的女孩呀。小姐姐，快帮帮我吧！"

——春天的风筝　13岁

@春天的风筝

亲爱的，没有朋友的确是很令人难过的一件事，你要知道和同学好好相处是有一定的技巧的，只要你能掌握好这些小技巧，相信你一定可以结交到很多朋友！

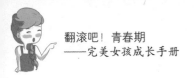

第一，交往时，要真诚相待，尊重他人，设身处地地为别人着想，心胸宽广，不要计较别人的过失，更不要得理不饶人哟！

第二，伸出友谊之手。对于有困难的同学，要主动伸出友谊之手，尽自己最大的可能助其一臂之力，不可以视而不见，更不可以置之不理哟！

第三，学会虚心求教，取长补短。要善于看到别人的长处，虚心请教，从别人的长处中弥补自己短处，并能够激励自己。

第四，不要吝啬你的赞美。送人玫瑰，手有余香。不要吝啬你的赞美，在同学取得成绩的时候，送上你的赞美吧，这会为你的人际交往锦上添花哟！

 ## 结交什么样的朋友

留言板：

"我有一个特别好的朋友，虽然她学习没有我好，但是她特别乐于助人，我们俩经常在一起做游戏，一起学习，我特别喜欢她。可是不知为什么，爸爸妈妈都不喜欢我和她在一起。难道就是因为她学习不好吗？真不知道结交什么样的朋友爸爸妈妈才会喜欢。"

——小萝莉 13 岁

@ 小萝莉

不必为这样的事情烦恼哦，其实结交什么样的朋友和学习成绩没有直接的关系。学习不好，就意味着人品不好吗？答案是否定的。在现实生活中，好多女孩都遇到了像你这样的交友问题，女孩们到底要结交什么样的朋友呢？来听一下小姐姐的建议吧。

第一，不要要求朋友太完美，你应该在学习和生活中多发现朋友身上的闪光点，去欣赏和学习。这样取长补短，你才会不断进步、不断成长，才会逐渐成长为全面发展的人。

第二，寻找拥有共同爱好、志趣相投的朋友。共同的爱好会让你们有更多的共同语言，这些是你们美好友情的基础哟！

小萝莉要记得哟，如果你选择品德优秀的人做朋友，那么爸爸妈妈也会为你能交到这样的朋友而感到欣慰，这样就不会再听到反对的声音啦！

我们是好朋友

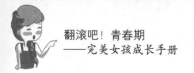

希望新同学都喜欢我

留言板：

"由于爸爸工作调动，我们全家不得不去外地，也就意味着我要离开我的好朋友们，离开我熟悉的校园，去一所新的学校上学了，好希望新的同学都能够喜欢我。"

——掉队的小鸟　14岁

@ 掉队的小鸟

让你离开自己熟悉的校园到一个陌生的地方，可能会有些不习惯，不过你也不用担心，用不了多久就会好起来的，相信新老师、新同学也一定会喜欢你的！

小姐姐来告诉你能让自己尽快融入新集体、结交新同学的小窍门吧！

第一，上学第一天，要让自己干净整洁，保持微笑，主动问好。这样才能给新同学和老师留下好印象哟！

第二，要尽快记住新同学的名字。这样可以很快拉近你与同学之

间的距离。可能让你一下记住全班同学的名字有些困难，那就先从自己座位周围的同学开始。每天给自己一个小任务，一天记住几个同学的名字吧！

第三，课间要多与同学交流，真诚相待。用你的真心去

感染你的同学，不要太计较得失哟！相信你很快就可以交到朋友的。

第四，多参加一些课外活动，这样不仅可以拉近同学之间的关系，还可以在班级中树立良好的形象。

小鸟同学，现在就带上愉快的心情去新学校报到吧！

一颗宽容的心

留言板：

"好朋友误以为是我泄露了她的小秘密，就在班级里跟我大吵大闹，还说了很过分的话，她真的是冤枉我了，我根本什么都没说。现在我真的很伤心，再也不想理她啦！"

——伤心的小窦娥 13岁

@伤心的小窦娥

面对好朋友的冤枉，可能会让你感觉很气愤、很伤心，甚至不想再跟她做朋友了。可是这样并不能解决问题。朋友间有些小矛盾、小摩擦都是很正常的事，如果朋友和你产生了些小矛盾，你就疏远了她，那你以后还怎么交到朋友呢？聪明的女孩，请用一颗宽容的心去对待朋友吧！

你们既然能够成为朋友，就应该坦然地接受对方的一切，包括缺点。用一颗宽容的心去对待她，有些事不要一直记挂在心上。在你宽容地对待朋友时，也必定会博得更多的信任与理解。

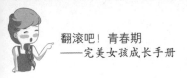

如果她主动来找你和好，那就原谅她，继续和她做好朋友吧。如果她没有主动来找你，那你就大度一些，主动去找她和好，向她解释清楚你应该去体谅她的感受，如果你自己的秘密被其他人知道了，心里肯定也很不开心。换位思考一下，如果是你，也可能会在情急之下失去理智的。

用一颗宽容的心去对待朋友吧，让你们化干戈为玉帛，这样做是对别人的释怀，也是对自己的善待，也会使你们之间的友情更加牢固。

对陌生人的防范

留言板：

"前段时间,我在回家的路上遇到了一个男孩子,他主动和我搭讪,他英俊的长相、特殊的谈吐吸引了我, 经过几天的来往我们渐渐地成为朋友。但是,最近他经常带我出入各种娱乐场所,认识些很奇怪的人,我有点儿害怕,我是不是应该离开他?"

——冉冉升起　16岁

@冉冉升起

通过你描述的情况，我怀疑你遇到了传说中的"马路天使"，他们往往拥有帅气的外表，出手阔绰，会说一些甜言蜜语。刚开始接近你时以朋友相待，甚至无微不至。但是，时间长了就会逐渐暴露出"邪恶"的本性。他们有的是玩弄女孩的色狼，有的是想占便宜的好奇者，还有的是情场失意在寻找慰藉。因此，姐姐建议你还是打消关于"马路天使"的一切幻想，尽快离开他吧！

如果下次再遇到陌生人搭讪要注意哟,不要随便相信陌生人,现在就让小姐姐来给你支两招吧!

第一,回家路上尽量结伴而行,不要给那些企图接近你的"马路天使"机会。

第二,对于有所企图的人,要用委婉的语言明确地表明态度,柔中带刚,告诉他你是不可欺骗的。当遇到恶意纠缠的人,不要害怕,随机应变,与他周旋,找到适当的时机就赶紧离开。

第三,如果遇到不能解决的问题时要及时向家长或朋友求救,有必要的情况下可以选择报警。

第四,要注意自己的着装打扮,不能过于成熟,要选择适合自己的年龄和身份的装扮。

现在的你是不是知道该怎么做了?快点让他"知难而退",早些远离你吧!

朋友之间的玩笑

留言板:

"我发觉自己和朋友之间的关系越来越远了,以前我们会开各种玩笑,从来也不会生产,可现在,虽然大家嘴上不说什么,但是心里可能特别不舒服,渐渐地,心与心之间的距离越来越远了。小姐姐,我怕这样下去,我们连朋友都做不成了,好苦恼啊!"

——青春你好 14岁

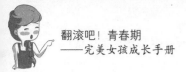
@ 青春你好

朋友之间开一些轻松的小玩笑是很正常的，但是过分的玩笑就会伤了朋友的心，进而影响友谊哟！

对于朋友之间的玩笑，你要尝试着去换位思考一下。

当朋友开你的玩笑，让你不能接受时，你的心里会难过，怎奈你们是朋友，你不好意思表现出你的不满，这样也许她就会不以为意。

同样，当你开另一个朋友的玩笑，她也无法接受的时候，她会和你一样只是在心里难过。而你又是什么感受呢？也许会有小小的内疚吧，但是又不好意思说"对不起"。

成长的路上，你要学会站在不同的角度看待问题，在互相尊重的基础上，试着去了解她的心情，站在她的角度上看待问题。

有些事情，在你看来也许是个笑料，但是在她心里可能就是一道伤疤哟！为了你们之间的友谊，姐姐建议你找时间和她谈谈心，好好沟通一下，把你的想法告诉她，如果需要对她道歉，那就说"对不起"吧，相信她会欣然接受的。这样，你们还是好朋友了，甚至会更好！

禁得起诱惑

留言板：

"邻班有一个男生向我表白了好多次，还说要我做他的女朋友。我有些动心了，因为他对我真的很好！"

——爱情的小秘密　16 岁

@ 爱情的小秘密

亲爱的，在我们身边有着太多的诱惑，尤其是面对枯燥的学习生活、青春期成长的烦恼，你有想要叛逆的冲动，这些可以理解，但是姐姐要告诉你，抵制诱惑，才能让自己健康地成长。别为了一时的冲动，丢失了自己的梦想，这才是智慧的选择哟！

亲爱的女孩，不要轻易接受一个男孩，要学会拒绝。处于青春期的你们还不能很好地理解什么是爱，什么是责任。现在就匆忙地恋爱，会给你们的人生带来很大的影响。

看看你身边的大部分同学，她们是不是在为理想而努力学习呢？向她们看齐吧，做你该做的事，不要为了一时的冲动，影响了你们的前程。

想想自己努力奋斗的目标，想想爸爸妈妈期待的眼神，日夜操劳的身影，智慧的女孩一定要学会选择，学会放弃，经得起诱惑。

不要刻意地取悦别人

留言板：

"我想让自己在班级里更受欢迎一些，所以我开始讨好、取悦同学，慢慢地，我发现，虽然这样做的确使我比以前更受欢迎了，但是

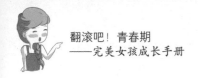

我觉得自己特别累，而且每天都提心吊胆，生怕自己哪句话说得不对，就不再受欢迎了！"

——凡间精灵 13岁

@ 凡间精灵

想让更多的人重视你、喜欢你、接纳你，有很多办法，不必总是看别人脸色，刻意地取悦他人，那样会给你带来很大的心理压力，使自己特别疲惫。其实，勇敢地表达出自己的意见，展示出一个真实的你，同样也会受欢迎。

其实，取悦别人的主要原因是你不够自信。要相信自己，关注自己的感受，了解自己的能力范围，并真诚地表达出来，让别人了解你。你会发现，朋友并不会因为你否定了她们的观点而讨厌你。如果你的话真诚而正确，即使对方不开心了，也不要着急，偶尔让别人失望一下，也没什么不好的，让她们也尊重一下你的感受吧！

你要记住，你有说"不"的权利，委屈并不一定能求全，总是勉强自己并没有好处。

一个人受欢迎的确是件好事，但不必为了让自己受欢迎，而刻意地去取悦别人。你不可能让所有人都喜欢你，所以做好自己就可以啦。

对自己的行为负责

留言板：

　　"今天我不小心打碎了妈妈心爱的花瓶，妈妈一定会大发雷霆，于是就想出了各种理由来为自己脱罪，可是当我看到妈妈的时候，我决定向妈妈认错，任由她处罚。结果妈妈不但没有惩罚我，还表扬了我，说我能为自己的行为负责，是一个诚实的好孩子。真高兴呀！"

——快乐的小豆芽　12岁

@ 快乐的小豆芽

　　没错哟！当你肯为自己的行为负责时，这比花瓶本身的价值要大得多，所以妈妈不但没有惩罚你，还夸奖了你。犯了错误如果找借口来推脱责任，会比错误本身更加可怕，那些聪明的女孩，总会为自己的行为负责，并勇敢地承担后果。

对自己的行为负责，培养良好习惯小技巧：

　　第一，要从小事做起。主动承担一些力所能及的家务，在完成家务的时候培养自己认真负责的好习惯。

　　第二，自己的事情自己做。现在你已经是大孩子了，自己能做的事情，就不要再麻烦爸爸妈妈啦。

　　第三，重视结果。对自己的行为负责，就要看重自己做事的结果，严格要求自己，认真做事。

　　第四，榜样的力量。一个品德优秀的榜样，将对你起到导向的作用，向榜样看齐，

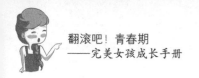
犯了错误要由自己来承担后果，不找理由推卸责任，更不要迁怒于他人。

来吧，做一个对自己的行为负责的女孩子，相信你的生活一定会充满阳光！

有计划地对待每一分钱

留言板：

"亲爱的小姐姐，我总觉得妈妈给我的零用钱太少了，很想和妈妈再多要一点，又怕增加妈妈的负担。我很想偷偷去打工，自己来赚点钱！"

——别叫我小气鬼　15岁

@别叫我小气鬼

亲爱的，你还蛮懂事的，知道不想因为自己过多的花销而增加妈妈的负担。零用钱太少，最好的办法就是有计划地对待每一分钱，让零用钱发挥最大的作用！

可以准备个小账本，把每天的支出详细地记下来，一周做一次总结，考虑下哪些钱该花，哪些钱不该花，再制定出下周的支出预算。

小姐姐建议你，把妈妈给的零用钱分成五份来使用。

第一份：生活支出。上下学坐车，午饭等，这可能会占用你大部分零用钱，但是也不要为了省钱，就亏待自己哟！

第二份：购买图书，增长知识。

第三份：朋友来往。朋友要过生日，自己当然要送一份礼物啦！可以利用我们手中的零用钱买一份有意义又不贵的小礼物，不要盲目攀比，只要表达出自己的心意就可以啦！

第四份：存钱。每周从零用钱里拿出一部分存起来。可以利用这些钱买一些自己喜欢的小东西，或是给爸爸妈妈买一份小礼物，他们一定会非常高兴的。

第五：捐款。从自己的零用钱里拿出一点，捐给希望工程，帮助别人。

打工是个好方法，但不是要你到外面去打工，你可以跟妈妈商量一下在家里打工，通过做些家务，来赚取一定的报酬。这样既可以帮妈妈减轻家务负担，又可以锻炼自己，还可以赚到钱，而且通过自己的劳动赚来的钱，你会更加珍惜的！

当然，还有你的压岁钱呢，你可以跟爸爸妈妈一起规划这笔压岁钱，例如你学习钢琴、美术、舞蹈的花费，甚至你上学的学费，都可以从这里出，这样就可以帮爸爸妈妈减轻不小的负担呢！

（图中便签内容）
1. 生活支出
2. 购书
3. 朋友来往
4. 存钱
5. 捐款

我要做网红

留言板：

"王阿姨家的小姐姐大学毕业后就开始做直播，现在她的粉丝已经有几百万了呢，粉丝们会给她刷礼物，她成了名副其实的网红，直播带货还赚了好多钱，好羡慕她有那么多的粉丝，我也好想成为网红啊，想用自己的手机直播，但是妈妈特别反对，还说直播违法，这是真的吗？"

——网红打卡 13 岁

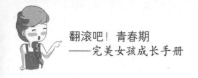

@ 网红打卡

看来我要向你做一次普法宣传喽！中央文明办、文化和旅游部、国家广播电视总局、国家互联网信息办公室四家单位，根据《中华人民共和国网络安全法》《中华人民共和国未成年人保护法》等法律法规，联合发布了《关于规范网络直播打赏加强未成年人保护的意见》。其中对直播平台的要求如下：

"禁止未成年人参与直播打赏……禁止为未成年人提供现金充值、'礼物'购买、在线支付等各类打赏服务。网站平台不得研发上线吸引未成年人打赏的功能应用，不得开发诱导未成年人参与的各类'礼物'。发现网站平台违反上述要求，从严从重采取暂停打赏功能、关停直播业务等措施。"

下面这段是你最为关心的问题。

"严控未成年人从事主播。网站平台应加强主播账号注册审核管理，不得为未满16周岁的未成年人提供网络主播服务，为16至18周岁的未成年人提供网络主播服务的，应当征得监护人同意。"

卡卡同学，现在你明白了吧，妈妈可不是在吓你哟！

我要打工赚钱

留言板：

"在国外名人故事里，我看到很多人从小就会赚钱了，他们吃苦耐劳，后来有所成就，我也想成为一名企业家，另外本人还有点财迷，特别想在暑假去打工赚钱。爸爸妈妈都是东北人，一起做点小生意，他们听了我的想法，也觉得我可以锻炼一下，不过暑假到了，他们又不让我去了，我也不知道为什么，我计划过几天偷偷出去试试，不知道可以吗？"

——东北小妖精　15岁

@ 东北小妖精

我说东北小妖精同学，姐姐也是东北人呀，你还真不能去打工，因为你还没有满 18 周岁，我国劳动法规定："禁止用人单位招用未满十八周岁的未成年人。"所以说，即便你想去试试，也没有企业敢用你来工作的呀。

我给你一个好的提议，既然爸爸妈妈也在做生意，不如帮他们做些什么，这样你可以学习一些经营管理上的经验。想对你说的就只有这么多，东北人不磨叽，有事随时给我留言啦！

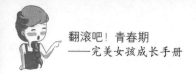

姐姐的借贷

留言板：

"我的姐姐已经上大学了，有一天，我接到一个电话，说是让姐姐还钱，但联系不到她，电话那边的人说话特别不客气，听完我感觉非常害怕，担心是骗子，又担心姐姐是不是出了什么事情，便赶紧给她打电话，姐姐就说：'没事，没事，我想办法解决。'我总觉得不对劲，上次假期回来，我看到她买了新包，还是名牌，我还在想，她哪里来的钱呢？可她又不让我把这些告诉爸爸妈妈，你说该怎么办呢？"

——这个问题很麻烦　14 岁

@ 这个问题很麻烦

根据我的判断，你姐姐可能是借了网贷，欠了债没办法还清，你的爸爸妈妈又不知道。网贷的利息很高，如果她一直不能还清，就会影响到她的个人信用，更为严重的还会影响到她的前途。

你可以在晚上找一个安静的时间，和姐姐通电话，了解一下真实情况，也要把其中的利害讲给她听，让她从网上查一查这样继续下去的后果，如果她真的不能自己解决，你就要及时告诉爸爸妈妈，这才是对姐姐的未来负责，如果姐姐遇到的是校园贷诈骗，更要及时让爸爸妈妈了解真实情况，然后报警。

现在的网络金融已经成为我们日常生活消费的主要方式。有些大学生的虚荣心和超前消费意识过强，这就很容易让网络贷款的金融机构盯上他们，网络贷款到账快、利息高，后续会让他们无力承担还款和支付高额利息，这主要是因为大学生社会经验少、理财观念差、法律意识也很淡薄，所以很容易陷入其中。

宝贝，对此你要引以为戒，在未来走向大学生活时不要犯同样的错误。校园贷一般有以下几种形式，你和姐姐一定要分清。

1. 提前消费：利用学生爱攀比的虚荣心理，诱导大学生超前消费并提供小额消费信贷，但最后学生往往没办法还款，更没有能力去支付高额利息。

2. 兼职诱惑：打着高薪招聘的旗号，给大学生提供高额付费岗前培训，大学生因为想获得培训和工作机会，不得不贷款。

3. 利益诱导：通过支付小额报酬的方式，诱导大学生去完成指定的贷款任务，借用大学生信息骗取贷款资金后便消失了，可还贷负担却落在了大学生身上。

4. 美容分期：利用大学生的虚荣心，向他们营销医美项目，通过分期支付的方式，变相还贷，如果无力偿还，就会面临征信不良的风险。

5. 通过互联网平台向大学生推送贷款广告，以免抵押、低利息诱导学生贷款，并要求缴纳贷款"手续费""管理费""保证金"，收到钱后就"拉黑"。

6. 要求学生提供照片、视频、身份证以及家长和亲友的电话号码等作为贷款抵押和担保，如果大学生没办法按时还款，就会威胁勒索。

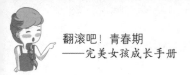

爷爷被骗了

留言板：

"自从我教会爷爷使用微信之后，爷爷就对微信上了瘾，时不时地用微信给我发红包，我当然很开心啦。可是最近遇到不太美丽的事情——爷爷被人骗了！

爷爷自己下载了一个叫'蝙蝠'的APP，注册之后，就收到一条信息：'恭喜您被我们公司抽中为幸运用户，微信收款码发过来，直接会给您转6800元红包。'爷爷想这么大年纪还没中过奖，他就兴高采烈地将微信收款码发了过去，对方把6800元已支付的截图发给爷爷，然后说爷爷的微信流水不足，使他的微信被封，转过来的钱被冻结了，需要做流水测试，好帮他解锁微信账号。爷爷按照对方的提示，用银行卡给对方转账三次，一共有28000元。

我现在特别后悔教爷爷使用微信，我该怎么办呢？好烦恼啊！"

——讨厌蝙蝠　14岁

@讨厌蝙蝠

教爷爷使用微信说明你是个孝顺的孩子，这不是你的错误，只是爷爷不太懂得网络诈骗的手段，才会被骗。我教你几种常见的防诈骗指南，这些你不仅能教会爷爷免遭被骗，也能让自己加强防范哟！

1.通过"中奖"诈骗：像你这个年龄的学生，面对狡猾的犯罪分子有时会缺乏判断力，他们会先通过各种渠道发送中奖信息，然后以资金被冻结为由，要求转账给自己的账号解冻，就像是爷爷遇到的一样。

2.通过"游戏"诈骗：犯罪分子会以网络游戏装备为诱饵，故意和你拉近关系，这样你就会降低警惕心，然后要你拿家长的手机进行转账。

3. 通过"追星"诈骗：如果你对偶像充满着好奇和向往，他们就会在各种社交平台和视频软件中投送明星 QQ 号或者微信号，当你加上好友后，犯罪分子就会以各种理由哄骗或者威胁你，骗你或家长的钱。

4. 通过"返利"诈骗：犯罪分子通过 QQ 群或微信群加到你，然后用返利、刷单可以获取收益为理由，要你先转账，这样你的钱就被他们骗走了。

针对上面这些诈骗，下面这些内容一定要懂得辨别。

所有需要预先存入各种费用才能兑奖的中奖信息，都是陷阱；不要随便同意陌生人的微信、QQ 好友申请，更不要随意打开陌生人发来的文件或链接；不要相信互联网上弹出的"低价游戏""免费皮肤""免费装备"等信息，这可都是骗子的诱饵；不要相信互联网上任何的"轻松赚钱""快速返利""高价刷单"等信息；还有，上网时尽量不要在 QQ 等网络工具上储存亲友的真实信息和图片资料，防范坏人通过黑客、木马等方式盗取相关资料进行诈骗。